"十三五"国家重点出版物出版规划项目

中国工程院重大咨询项目　国家食物安全可持续发展战略研究丛书

第　二　卷

园艺作物产业可持续发展战略研究

中国工程院"园艺作物产业可持续发展战略研究"课题组

邓秀新　主编

科学出版社

北　京

内 容 简 介

本书在对改革开放 30 年来我国园艺产业发展状况进行全面总结和回顾的基础上，探讨了我国园艺产业可持续发展中存在的主要问题和关键制约因素，预测了我国蔬菜、水果未来 10～20 年供求状况。以国外四种典型园艺产业可持续发展模式的发展经验为借鉴，明确提出了我国园艺产业可持续发展战略定位、战略目标，并提出了"布局优化"战略、"深化市场化发展"战略、"走出去"战略、"提质增效"战略和"产业链延伸"战略等五大战略设想，以及实现战略设想的政策保障。

本书可为园艺产业主管部门制定产业政策提供参考，也可为园艺产品生产主体了解我国园艺产业发展趋势、制定发展策略提供借鉴。

图书在版编目（CIP）数据

园艺作物产业可持续发展战略研究/邓秀新主编. —北京：科学出版社，2017.6

（国家食物安全可持续发展战略研究丛书：第二卷）

"十三五"国家重点出版物出版规划项目　中国工程院重大咨询项目
ISBN 978-7-03-053429-3

Ⅰ.①园…　Ⅱ.①邓…　Ⅲ.①园艺–产业–可持续发展战略–研究–中国
Ⅳ.①F326.13

中国版本图书馆 CIP 数据核字(2017)第 123909 号

责任编辑：马　俊　朱　瑾　郝晨扬 / 责任校对：李　影
责任印制：肖　兴 / 封面设计：刘新新

科学出版社 出版
北京东黄城根北街 16 号
邮政编码：100717
http://www.sciencep.com

中国科学院印刷厂 印刷
科学出版社发行　各地新华书店经销

*

2017 年 6 月第 一 版　　开本：787×1092　1/16
2017 年 6 月第一次印刷　　印张：7 3/4
字数：140 000
定价：68.00 元
（如有印装质量问题，我社负责调换）

"国家食物安全可持续发展战略研究"
项目组

顾 问

宋 健 周 济 沈国舫

组 长

旭日干

副组长

李家洋 刘 旭 盖钧镒 尹伟伦

成 员

邓秀新 傅廷栋 李 宁 孙宝国 李文华 罗锡文

范云六 戴景瑞 汪懋华 石玉林 王 浩 孟 伟

方智远 孙九林 唐启升 刘秀梵 陈君石 赵双联

张晓山 李 周 白玉良 贾敬敦 高中琪 王东阳

项目办公室

高中琪 王东阳 程广燕 郭燕枝 潘 刚 张文韬

王 波 刘晓龙 王 庆 郑召霞 鞠光伟 宝明涛

"园艺作物产业可持续发展战略研究"
课题组

组长：

邓秀新　中国工程院院士、国家柑橘产业技术体系首席科学家、华中农业大学校长、教授、博士生导师

副组长：

李崇光　国家大宗蔬菜产业技术体系产业经济功能研究室主任、产业经济岗位科学家、华中农业大学副校长、教授、博士生导师

主要成员：

祁春节　国家柑橘产业技术体系产业经济功能研究室主任、产业经济岗位科学家、华中农业大学教授、博士生导师

项朝阳　国家大宗蔬菜产业技术体系产业经济功能研究室成员、华中农业大学副教授、硕士生导师

包玉泽　国家大宗蔬菜产业技术体系产业经济功能研究室成员、华中农业大学副教授、硕士生导师

章胜勇　国家大宗蔬菜产业技术体系产业经济功能研究室成员、华中农业大学副教授、硕士生导师

李春成　国家大宗蔬菜产业技术体系产业经济功能研究室成员、华中农业大学副教授、硕士生导师

涂涛涛　国家大宗蔬菜产业技术体系产业经济功能研究室成员、华中农业大学副教授、硕士生导师

章德宾　国家大宗蔬菜产业技术体系产业经济功能研究室成员、华中农业大

学副教授、硕士生导师

李优柱　国家大宗蔬菜产业技术体系产业经济功能研究室成员、华中农业大
　　　　学副教授、硕士生导师

宋长鸣　国家大宗蔬菜产业技术体系产业经济功能研究室成员、华中农业大
　　　　学讲师

王伟新　华中农业大学农业经济管理学院博士研究生

胡　友　华中农业大学农业经济管理学院博士研究生

岳　森　华中农业大学农业经济管理学院博士研究生

向　云　华中农业大学农业经济管理学院硕士研究生

主要执笔人：

项朝阳　国家大宗蔬菜产业技术体系产业经济功能研究室成员、华中农业大
　　　　学副教授、硕士生导师

丛 书 序

"手中有粮，心中不慌"。粮食作为特殊商品，其安全事关国运民生，维系经济发展和社会稳定，是国家安全的重要基础。对于我们这样一个人口大国，解决好十几亿人口的吃饭问题，始终是治国理政的头等大事。习近平总书记反复强调："保障粮食安全对中国来说是永恒的课题，任何时候都不能放松。历史经验告诉我们，一旦发生大饥荒，有钱也没用。解决 13 亿人吃饭问题，要坚持立足国内。"一国的粮食安全离不开正确的国家粮食安全战略，而正确的粮食安全战略源于对国情的深刻把握和世界发展大势的深刻洞悉。面对经济发展新常态，保障国家粮食安全面临着新挑战。

2013 年 4 月，中国工程院启动了"国家食物安全可持续发展战略研究"重大咨询项目。项目由第九届全国政协副主席、中国工程院原院长宋健院士，中国工程院院长周济院士，中国工程院原副院长沈国舫院士担任顾问，由时任中国工程院副院长旭日干院士担任组长，李家洋、刘旭、盖钧镒、尹伟伦院士担任副组长。项目设置了粮食作物、园艺作物、经济作物、养殖业、农产品加工与食品安全、农业资源与环境、科技支撑、粮食与食物生产方式转变 8 个课题。

项目在各课题研究成果基础上，系统分析了我国食物生产发展的成就及其基础支撑，深入研究了我国食物安全可持续发展面临的国内外情势，形成了我国食物安全可持续发展的五大基本判断：一是必须全程贯穿大食物观、全产业链和新绿色化三大发展要求，依托粮食主区和种粮大县，充分发挥自然禀赋优势和市场决定性作用，进一步促进资源、环境和现代生产要素的优化配置，加快推进形成人口分布、食物生产布局与资源环境承载能力相适应的耕地空间开发格局；二是必须依靠科技进步，扩大生产经营规模，强化社会化服务，延长产业链条，让种粮者获得更多增值收益；三是必须推进高标准农田建设，以重大工程为抓手，确保食物综合生产能力稳步提升所需的投入要素和资源供给；四是必须采取进村入户的技术扩散应用方式，节水节肥节地、降本增效，控制生产及各环节的不当损耗，持续提高资源利用率和土地产出率，强化农业环境治理；五是必须坚定不移地实施"以我为主、立足国内、确保产能、适度进口、科技支撑"的国家粮食安全新战略，集中科技投入，打造高产稳产粮食生产区，确保口粮绝对安全、粮食基本自给；丘陵山地以收益为导向，调整粮经比例、种养结构，实现农村一、二、三产业融合发展。通过实行分类贸易调节手段，有效利用国外资源和国际市场调剂国内优质食物的供给。

基于以上基本判断，项目组提出了我国食物安全可持续发展战略的构想，即通过充分发挥光、温、水、土资源匹配的禀赋优势，科技置换要素投入的替代优势，农机、农艺专业协作的规模优势，食物后续加工升值的产业优势，资源综合利用和保育的循环优势，国内外两种资源、两个市场的调节优势等路径，推进食物安全可持续发展及农业生产方式转变。提出了八大发展思路，即实施粮食园艺产业布局区域再平衡、经济作物优势区稳健发展、农牧结合科技示范推广、农产品加工业技术提升、农业科技创新分层推进、机械化农业推进发展、农田生态系统恢复与重建、依据消费用途实施差别化贸易等。提出了十大工程建议，即高标准农田建设、中低产田改造、水利设施建设、旱作节水与水肥一体化科技、玉米优先增产、现代农产品加工提质、现代农资建设、农村水域污染治理、农业机械化拓展、农业信息化提升等。提出了 7 项措施建议：一是严守耕地和农业用水红线，编制粮食生产中长期规划；二是完善支持政策，强化对食物生产的支持和保护；三是创新经营方式，培育新型农业经营主体；四是加快农业科技创新，加大适用技术推广力度；五是加大对农业的财政投入和金融支持，提高资金使用效率；六是转变政府职能，明确公共服务的绩效和职责；七是完善法律法规标准，推进现代农业发展进程。

《国家食物安全可持续发展战略研究》是众多院士和多部门多学科专家教授、企业工程技术人员及政府管理者辛勤劳动和共同努力的结果，在此向他们表示衷心的感谢，特别感谢项目顾问组的指导。

希望本丛书的出版，对深刻认识新常态下我国食物安全形势的新特征，加强粮食生产能力建设，夯实永续保障粮食安全基础，保障农产品质量和食品安全，促进我国食物安全可持续发展战略转型，在农业发展方式转变等方面起到战略性的、积极的推动作用。

"国家食物安全可持续发展战略研究"项目组
2016 年 6 月 12 日

前　言

园艺作物产业包括水果、蔬菜、花卉、茶叶四大主要组成部分，其中水果、蔬菜是我国城乡居民餐桌上不可或缺的生活必需品。花卉、茶叶虽然不是食物，但花卉、茶叶生产所需要素与水果、蔬菜生产所需要素基本相同，其发展必然对水果、蔬菜产业的发展产生直接影响，因此，本研究主要研究水果、蔬菜，但将花卉、茶叶作为影响水果、蔬菜发展的一个重要因素。

园艺产品与居民生活密切相关，不仅是城乡居民基本的食物和消费品，而且水果、蔬菜、茶叶含有丰富的人体不可或缺的维生素、矿物质和纤维素等，具有很高的营养和医疗保健价值。园艺产业健康发展是保障我国国民健康的基础、带动农民致富的手段、平衡农产品进出口贸易的工具和社会进步的标志。

园艺作物产业是我国农业中最重要的种植业之一，种植面积位列第二，产值位列第一。2013 年我国蔬菜（鲜菜）播种面积为 $2.035\,26\times10^7\mathrm{hm}^2$，产量为 $7.3512\times10^8\mathrm{t}$，分别占世界总量的 35.1% 和 64.9%；果园面积为 $1.237\,14\times10^7\mathrm{hm}^2$，产量为 $1.577\,130\times10^8\mathrm{t}$；茶叶种植面积达 $2.4688\times10^6\mathrm{hm}^2$，产量达 $1.9245\times10^6\mathrm{t}$。近些年来，我国水果和蔬菜种植面积基本保持稳中有升，茶叶和花卉种植面积则增长较快，其中花卉年均增长在 10% 左右，茶叶的年均增速也在 5% 以上。在世界范围内，我国园艺产业具有举足轻重的地位，水果、蔬菜、花卉、茶叶四大类主要园艺作物的种植面积和产量均居世界首位。

改革开放后，经过 30 多年的发展，我国园艺产业成就显著：一是生产快速发展，产业规模为世界第一，其中蔬菜（鲜菜）播种面积和产量分别占世界的 51.1%和 58.9%；茶叶种植面积和产量分别约占世界的 50%和 31%。二是生产技术水平显著提升，单产大幅度提高，1978~2012 年，水果单产增长 2.14 倍；蔬菜单产增长 39.5%；茶叶单产增长 2.07 倍。三是区域布局日趋合理，周年供应能力明显提高，传统的"春淡"和"秋淡"明显改善。四是质量安全状况总体良好，例行监测结果保持较高水准。五是特色园艺产品竞争力增强，重点实施了特色优质园艺产品品牌战略，发展壮大了一批"名、特、优、精、深"的园艺产品，极大地提高了特色园艺产品在全球市场上的国际竞争力。六是进出口贸易增长迅速，出口量远大于进口量，2012 年贸易顺差为 131.57 亿美元，在平衡农产品贸易逆差方面具有举足轻重的地位。园艺产业 30 多年发展的经验主要包括：政府重视并支持园艺产业的发展、坚持因地制宜的发展原则、秉承"高产、高效、优质、生态、绿色、安全"的发展理念、以技术开发和创新作为产业发展的重要手段、推进园艺产品品牌建设和实施出口带动战略。

我国园艺产业发展中存在的问题依然突出：一是生产组织化程度较低，表现在以小农生产为主、农户年龄偏大、经营规模狭小、兼业现象普遍、农民专业合作社发展滞后和产品品牌化率较低等方面；二是生产布局不尽合理，生产比较集中，大城市周边园艺产品（特别是蔬菜）的耕地被侵占，对大中城市供应的保障能力有所下降，加剧了菜价波动的风险；三是流通体系不健全，现代冷链物流建设滞后、流通环节较多、流通成本高；四是农户缺乏"绿色、安全、健康"的生产理念，生产中过度使用农药、化肥的现象比较普遍，质量安全监管体系有待进一步健全，出口产品因质量安全问题频遭退货；五是科技对产业的支撑能力较弱，种子市场特别是蔬菜种子市场遭遇国外种子的严峻挑战，轻简化生产技术进展缓慢，产业受近年来劳动力成本上涨的影响较大，技术推广体系薄弱，人才队伍面临着老龄化等问题的挑战。

我国园艺产业可持续发展还面临着劳动力资源、土地资源、水资源、加工能力、环境压力和经济效益等众多因素的制约。从劳动力资源方面看：我国虽然农村劳动力资源丰富，但受教育程度偏低，大量受教育程度相对较高的青壮年劳动力涌入城市，而园艺产业属于典型的劳动密集型农业，对劳动力资源的要求较高。从土地资源方面看：

我国人均耕地面积小，土地后备资源潜力不大，既有的耕地资源面临着各方面的侵蚀，园艺作物与粮争地矛盾突出。从水资源看：我国人均水资源占有水平很低，属世界 13 个贫水国之一，淡水资源与土地资源不匹配，水资源质量不高、利用效率较低，而园艺产品生产需水量较大。从加工能力看：我国园艺产品加工企业大多规模小，生产条件、技术、基础设施和管理等水平差，加工层次低，能力弱。从环境压力来看：园艺产品生产造成的白色污染和化学污染一方面造成了生产的园艺产品质量安全水平下降，另一方面也使得土地产出能力有所降低，单产下降，甚至恶化了产业发展的宏观环境。从经济效益来看：我国园艺产业效益较低，随着园艺产品市场竞争的加剧和国家对粮、棉、油等大宗农产品支持力度的加大，园艺产品生产流通成本不断攀升，园艺产业的效益优势逐渐减小，而且园艺产业的市场风险相对较大，对劳动力的要求又相对较高，园艺产业的发展将会受到一定的挑战。

综合考虑人工、单产和种植面积等因素，预测 2020 年和 2030 年全国蔬菜总产量将分别达到 7.63 亿 t 与 8.91 亿 t。2020 年和 2030 年我国蔬菜总需求量分别为 6.9393 亿~7.024 亿 t 和 8.5042 亿~8.6030 亿 t，产品基本能够实现供需平衡，供给略大于需求。水果的供求变化受多种因素的影响，2020 年和 2030 年中国水果总供给和总需求在具体数据上不尽相同，但在未来十几年内，水果供需将处于基本均衡、供给略大于需求的状态，供过于求的压力持续存在。

美国、以色列、日本、荷兰发展园艺产业的经验可为我国园艺产业可持续发展提供借鉴。它们的经验主要体现在发挥政府的支持和引导作用，强化园艺产业合作经济组织的市场作用，培育有竞争能力的市场经营主体，坚持专业化、规模化、市场化发展方向和加快科技创新与推广。

在未来 20 年，我国园艺产业的战略定位：园艺产业是市场化程度较高、关系国计民生、保障城乡居民营养健康和增加农民收入的重要农业支柱产业。园艺产业可持续发展战略目标：总量基本平衡，产品自给有余；市场相对稳定，品种丰富多样；人与自然和谐，产业发展持续；生产布局合理，流通畅通高效；科技支撑雄厚，产品质量安全。

园艺产业可持续发展的"五大战略"和实现"五大转变"：实施"布

局优化"战略，实现以产区生产为主向优势产区与大中城市周边生产并存转变；实施"深化市场化发展"战略，实现园艺产业发展中市场配置资源起基础性作用向决定性作用的转变；实施"走出去"战略，实现由利用国内资源和市场向利用国内和国际两种资源和市场的转变；实施"提质增效"战略，实现由数量型增长向质量效益型增长转变；实施"产业链延伸"战略，实现由注重生产环节向产前、产中与产后并重转变。

根据战略目标和战略设想，促进园艺产业可持续发展应采取六大举措。一是稳定种植面积，强化内涵发展；二是加强质量监管，力争安全优质；三是优化区域布局，合理利用资源；四是完善市场体系，做到流通顺畅；五是培育新型生产主体，实现主体突破；六是发展产后加工，实现产业升级。

在发展过程中各级主管部门要处理好市场导向与适度调控的关系；完善和落实各项保障政策；多渠道筹措产业发展资金；搭建全国联网的园艺产品产销信息平台；加强灾害和突发事件预警机制建设，全面提高我国园艺产业防灾减灾与抗风险能力。

目 录

一、园艺产业可持续发展的内涵与意义

（一）园艺产业的界定

园艺（horticulture）一词从字面上看是"园"和"艺"两字的集合，我国《辞源》中将"植蔬果花木之地，而有藩者"称为园，园艺就是在围篱保护的园圃内进行植物栽培的技艺。现代园艺一词的含义更为丰富，通常是指果园、菜园、西甜瓜园、有观赏价值的花园或公园，以及风景园的营造、育苗和栽培管理技术及其产品的生产过程。本研究中的园艺主要包括水果、蔬菜（含食用菌）、花卉、茶叶四大类作物。其中水果、蔬菜是我国城乡居民餐桌不可或缺的生活必需品。花卉、茶叶虽然不是食物，但花卉、茶叶生产所需要素与水果、蔬菜生产所需要素基本相同，其发展必然对水果、蔬菜产业的发展产生直接影响，因此，本研究主要研究水果、蔬菜，但将花卉、茶叶作为影响水果、蔬菜发展的一个重要因素。

经济学意义上的产业具有复杂的内涵与外延，本研究是以同一类商品市场为单位来划分产业的，将其理解为围绕着共同产品展开生产经营的各个相关行业所组成的业态的总称。因此，园艺产业（horticultural industry）既包括果树、蔬菜、观赏植物等园艺产品的生产，又包括为其发展提供一定的条件，或是对园艺的发展有一定的影响和作用的产业，也就是指与园艺产业链的若干环节相对应的行业。

中国园艺种质资源丰富，曾被 Wilson 称为"园林之母"，是世界为数不多的植物起源中心之一。历史上中国园艺产业很早就已成为重要的生产行业，领先于世界其他国家。新石器时期半坡遗址中发掘有菜籽，春秋时期我国园艺产业中已有梨、枣、姜等并已开展大面积种植，唐、宋、明时期出现的一系列园艺著作表明该时期我国园艺产业已发展到很高水平。总的来说，中国园艺产业历史悠久，是一个发展水平较高、种质资源丰富、影响较广的产业。

（二）园艺产业可持续发展的内涵

可持续发展（sustainable development）一词起源于世界自然保护联盟 1980 年发

表的《世界自然资源保护大纲》。可持续发展强调人类应当合理有效地管理和利用地球生物圈，使生物圈资源不仅能够满足当代人需要，而且是可持续的、能够满足后代人持续获取生物圈资源的需求，同时对环境不会产生潜在的危害。由于可持续发展涉及多方面内容，对其从不同角度进行研究，观点也不尽相同。目前的研究主要从生态学、社会学和经济学三个角度展开：生态可持续发展从生物学角度指出需保护和加强环境系统的生产与自我循环更新代谢能力，保持地球生态系统在未来可持续生存；社会发展角度下的可持续发展强调在维持或者不超出生态系统承载能力的前提下，尽可能提高人类的生活质量；经济学角度的可持续发展则要求在保持自然资源质量和数量的前提下，使经济的纯收益增加，或者说在自然条件不变的前提下，当前的资源利用活动不能危及未来的收益。尽管观点各异，但大多数已有研究都指出可持续发展主要包含生态、经济和社会三个方面的内容，这三个方面的内容相辅相成，互相影响。综上，可以将可持续发展界定为在融合生态可持续、经济可持续和社会可持续基础之上的人与自然协调发展。

园艺产业的可持续发展同样包括生态可持续发展、经济可持续发展和社会可持续发展三个方面。

园艺产业生态可持续发展是指园艺产业的任何生产经营活动，都是建立在自然生态系统运行基础之上的，是人作为主体对生态系统的能动利用。园艺产业的任何活动都离不开生态系统的正常运行，最终园艺产品均直接或者间接地来源于生态系统，也就是说生态系统的正常运行与发展是园艺产业赖以存在的前提和基础。越来越多的研究者认识到：随着园艺产业的不断发展，必须研究生态系统变化对园艺产业的影响和作用，园艺产业的稳定供给与生产必须建立在生态系统健康和可持续基础之上。例如，近20年来，我国园艺产业增产增收，在一定程度上是化肥和农药的贡献，但这也造成了土壤板结、退化等危及持续再生产的问题，表明这种高度依赖化肥和农药的产业增产增收模式在生态可持续上存在问题，相关危害、未来潜在影响、消解方式、替代方案等须尽快研究解决。

园艺产业的经济可持续发展是指以不危害后代的利益或潜在利益为前提来满足当代人的需求，保障人类的长期可持续收益。园艺产业的经济可持续是由经济可持续发展引申而来，从经济学研究角度可分解为三个目标：能安全地生产更多产品；生产者效益和社会生活水平能持续提高；园艺产业发展过程中，生态环境能得到有效保护或改善。

园艺产业的社会可持续发展是指园艺产业的发展要在不超出生态系统承载能力

的前提下满足人们对园艺产品多样化的需求,全方位提高人们的生活质量。这种需求不只是局限于将园艺产品作为食品的消费需求,还包括美化环境、愉悦身心、休闲采摘等方面的需求;这些需求的满足必须统筹考虑园艺产业发展与其他产业发展的关系,在不超过生态系统承载能力的前提下,实现社会效益最大化。

具体来说,园艺产业的可持续发展应包括如下内容。

适度的土地面积和生产规模。园艺产业的可持续发展,首先需要有维持一定生产规模的土地面积。这个面积首先要满足全国城乡居民对园艺产品的基本消费需求,同时,能够支撑国家工业化过程中加工、外贸经济增长及日益增长的健康生活消费对园艺产品的需求。

水土保持。在种植园艺作物获取产品的同时,水土保持对于发挥水、土资源的生态和经济社会效益,维持生态系统平衡具有重要意义,是园艺产业可持续发展研究的重要内容之一。研究园艺作物生产活动中造成的水土流失问题,以及可采取的预防和治理措施也是园艺产业可持续发展研究的重要内容之一。

节水节能。园艺作物,特别是蔬菜生产中,用水消耗量一直较高,高效用水、节约用水、合理开发利用水资源是园艺产业可持续发展中不可回避的问题。设施园艺中,特别是北方蔬菜温室中同样存在广泛的节能降耗、增产增收需求。研究利用工程技术、园艺工艺及管理技术提高用水效益、有效利用自然降雨和高效灌溉、降低园艺作物生产中的能耗从而达到作物增产和经济效益提高是可持续发展的重要内容。

绿色、有机、无公害园艺生产。目前农业生产和加工过程中使用农药、化肥、激素等化学物质仍然比较普遍,过量无节制使用对人类健康有一定损害,社会公众对此也有较从前更高的认识和呼声。绿色、有机、无公害已成为消费者对园艺产品的要求。在这种背景下研究有机、绿色、无公害园艺产品的种植、收获、加工、贮藏及运输工艺技术要求,是未来园艺产业可持续发展的必经之路。

高效种植。园艺作物种植在科学技术不断发展的背景下,仍然存在巨大的改进与发展空间,随着人口增长和土地约束的强化,来自消费的压力将使这种改进存在巨大需求空间。合理高效利用蔬菜、水果生产的时间差、空间差,以及运用先进的管理手段和技术手段,既能提高园艺种植水平和产量,又能增长经济收益。

生产组织模式与流通方式。我国现代园艺产业的生产流通与西方国家园艺产业相比有较大不同。一是大市场与小农户的生产矛盾,园艺产业与其他粮、棉、油产业的显著不同在于规模化生产仍然没有形成,多是小散户生产,且由于农民就业、农村稳定等，这种小散户生产的格局将会在相当长时期内存在；二是流通模式落后，供应链各环节独立运作，难以实现协调优化，生产者与消费者受损严重，这是导致我国园艺产品（尤其是蔬菜）市场供求周期性剧烈波动的重要原因之一。生产组织模式与流通方式是我国园艺产业发展中的独有问题，也是与我国现阶段社会生产、人口形势、就业问题交织在一起的一个复杂问题，是我国园艺产业可持续发展的重要影响因素和待研究内容。

（三）我国园艺产业可持续发展的战略意义

1. 国民健康的基础

园艺产品与居民生活密切相关，是主要的食品和营养品。同西方国家相比，我国城乡居民一直对蔬菜、水果的消费有着特殊的偏好，我国城乡居民人均蔬菜消费量远远超出西方国家的人均水平。蔬果类食品含有丰富的、人体不可或缺的维生素、矿物质和纤维素，相比粮食具有更高的营养和医疗保健价值。改革开放后，我国国民温饱问题逐步改善。进入 21 世纪的前 10 年，我国粮食实现"九连增"且大量进口粮食，城乡居民温饱问题已基本解决，发达地区居民逐渐转向随意食肉状态，吃肉成为一件很平常的事。但是不可忽视的一个重要问题是过多食用肉食和粮食导致的不良健康问题日益突出，大量中老年人患上糖尿病、高血压等所谓"富贵病"。造成这种现象的原因在于过多食用肉类和淀粉，而食用一定数量的蔬果有助于实现人体营养平衡，能防止和减少各类"富贵病"的发生。例如，甘蓝类各种蔬菜，如包菜、西兰花、花菜等偏碱性，在某种程度上有利于人体内部的酸碱平衡，但我国甘蓝的生产与消费水平比较低。因此营养学家建议，从健康角度出发，人们应当更多地食用蔬菜和瓜果产品，控制肉类食品的过量食用。这提示我们要更加重视园艺产品在保障国民健康中的重要作用，进行正确的产业引导和国民消费习惯教育。

2. 农民致富的手段

相比其他农产品生产，果蔬类产品的比较效益较高。从事园艺产品生产已成为我国农民重要的收入来源，在部分县（市），园艺产业甚至是脱贫致富的关键产业。国家统计局统计的数据显示：2010 年，我国蔬菜总播种面积占农作物总播种面积的 11.9%，其产值占种植业总产值近 1/3，达到 1.2 万亿元。2010 年三种主要粮食作物种植的亩*产值平均为 899.94 元，每亩净利润平均为 227.17 元，成本利润率为 33.77%；两种油料作物种植的亩产值平均为 897.51 元，每亩净利润平均为 252.96 元，成本利润率为 39.25%；棉花种植的亩产值平均为 2307.82 元，每亩净利润平均为 983.97 元，成本利润率为 74.33%，蔬菜栽培的亩产值为粮食的 6.1 倍，棉花的 2.4 倍，油料的 6.1 倍；净利润为粮食的 12.21 倍，棉花的 2.8 倍，油料的 11 倍；成本利润率为粮食的 3 倍，棉花的 1.4 倍，油料的 2.6 倍。蔬菜种植的经济效益明显优于粮、棉、油的经济效益。农业部测算的数据也显示：2010 年蔬菜种植对农民人均纯收入贡献高达 830 多元，占农民人均纯收入的 14%。

除农民增收外，园艺产业在我国目前还承担了农民就业转移等任务。根据第六次人口普查结果，2010 年中国 13.7 亿人口中常住农村的仍然有 6.7 亿人，这些人非农收入较少，以农业为生存的主要依靠。但是在农业发达国家从事农业生产的人口占总人口的比例已经很低，如美国农业人口已降到总人口的 3%以下。如果我国将从事农业的人口总数降低到 8%，则全国最多需要农业人口 1.1 亿人。那么剩余的 5 亿多人就要转为非农业人口，考虑到城市化面临的社保、住房保障、收入来源、户籍等问题，短时期内无法将这么多农民成功转化为城镇居民，因此，中国的城市化及土地集约化进程是个长期的持续过程，不会在短期内完成，在这一进程没有完全结束之前，农业还必须继续承担农民致富、农村人口收入来源、就业需要等非效率目标。而在农业中，园艺产业又是劳动力最为密集的产业之一。相比粮、棉、油而言，相同的要素投入在蔬菜、水果、花卉生产流通中可以吸纳更多的农民就业。因此，园艺产业在未来仍将是农民致富、就业，农村社会稳定的重要手段。

3. 进出口平衡的工具

加入世界贸易组织（WTO）以来，我国农产品进口量逐年增加，2004 年农产品总体进出口由贸易顺差转为贸易逆差，此后逆差越来越大。据农业部统计，2010 年我国农产品贸易逆差为 231 亿美元；2012 年贸易逆差近 500 亿美元，2013 年上半年农产品贸易状况也基本如此，1～7 月农产品贸易逆差为 289 亿美元，对比 2012 年，仅粮食进口数量稍有下降。总体来看，在农产品贸易中，小麦、玉米、稻谷和大米等谷物，大豆，食用油籽等进口较多，而出口很少，部分作物如油料几乎完全依赖进口。尽管国内粮食生产一直稳中有升，进口谷物仍占总消费量的 10%。在大宗农

---

* 1 亩≈0.0667 公顷。

产品贸易中，只有蔬菜、水果、淡水产品的出口大于进口，其他的谷物、棉花、糖、油料，甚至畜产品都是大量进口，皆处于贸易逆差状态。

我国园艺产品具有一定的比较优势，出口增长势头强劲，一直保持贸易顺差的状态，在我国农产品贸易中扮演着重要的平衡作用。我国园艺产品的贸易顺差也从1992年的26.16亿美元，扩大到2000年的32.60亿美元，到2012年达到131.57亿美元，是1992年的5.03倍，是2000年的4.04倍。蔬菜贸易顺差约为70亿美元，全年预计100亿美元，加上水果贸易顺差约10亿美元，平衡了500亿逆差中的约1/5。

在我国的土地资源硬性约束及我国居民生活水平提高、工业加工用粮食持续增加、肉食消费增长等不可逆的背景形势下，粮油作物进口无法阻挡，可以预见农产品总体贸易逆差将长期存在。因此，从园艺产业劳动密集型特点出发，结合我国劳动力资本的比较优势，继续大力发展园艺产品出口贸易，是平衡我国当前农产品贸易逆差持续扩大的重要工具。

4. 社会进步的标志

近年来，随着人们对环境问题的日渐重视，各地已经开始加大对绿化问题的投入，注意保护湿地、树木、草地。园艺作物一般都具有绿化和覆盖土地、降低城市热岛效应、保持水土、改善环境、通过光合作用改善空气质量、屏蔽噪声等功能，能使居民生活更加舒适安全。因此，随着社会发展步伐的加快，发展园艺产业的重要性日益得到重视。

观光农业、都市农业、旅游农业的发展离不开园艺产品产业的发展。随着人们生活水平的不断提高，城市化的不断推进，人们的生活娱乐方式也在不断发展变化，近年来出现的观光旅游农业就展现了融合旅游、采摘、娱乐、餐饮于一体的新式园艺生产生活方式。随着中国城市化、都市化生活方式的进一步发展，这些需求及为满足这些需求而产生的新式园艺产业将蓬勃发展。

花卉等园艺产品具有观赏价值，能体现和满足未来社会需求。随着经济的发展和社会的不断进步，人们更加追求生活质量的提高，催生出观赏视觉需求等原本不存在的精神需要，发展园艺花卉产业是满足这些新的社会需求的重要手段。近年来我国已连续举办多次不同级别的国际园艺博览会，国内园艺花卉产业也得到快速发展。

此外，居家种菜、社区园艺等微型园艺（miniature gardening）的出现表明人们对园艺产品的热爱和追求。随着社会进步和专业化分工，尽管大多数人被迫远离蔬果农业生产一线，不能亲自动手栽培和收获，但人们对亲自种植果蔬等的向往依然存在，对自然的热爱和园艺产品的追求是永恒的。

二、我国园艺产业基本现状

（一）我国园艺产业概况

1. 发展规模

园艺产业是我国农业中仅次于粮食的第二大种植业。改革开放以来，我国主要园艺作物的种植面积逐年增长。1978 年全国果园总面积为 165.67 万 hm²，到 2012 年果园面积增加到 1213.99 万 hm²，增长了近 6.33 倍，年均增加 29.95 万 hm²；蔬菜播种面积由 1978 年的 333.1 万 hm² 发展到 2012 年的 2033.33 万 hm²，增长了 5.10 倍；1978～2012 年，我国花卉的种植面积完成了从起步到百万公顷的突破，实现了质的飞跃；2012 年我国茶叶种植面积达 227.99 万 hm²，相对于 1978 年增长了 1.17 倍（表 2.1）。目前，我国园艺产业总种植面积超过了 3586 万 hm²。从近期发展趋势看，我国水果和蔬菜种植面积基本保持稳中有升，而茶叶和花卉则发展仍然较快，其中作为园艺产业新增长点的花卉最近年均增长仍在 10% 左右，而茶叶的年均增速也在 5% 以上。

表 2.1　1978～2012 年中国园艺作物种植面积　　（单位：万 hm²）

年份	水果	蔬菜	花卉	茶叶
1978	165.67	333.10	—	104.75
1988	506.61	603.19	—	105.59
1998	853.51	1229.28	6.98	105.65
2007	1047.10	1732.87	75.03	161.33
2008	1073.43	1787.59	77.54	171.94
2009	1113.95	1841.43	82.45	184.85
2010	1154.39	1899.99	91.76	197.02
2011	1183.06	1963.90	102.40	211.26
2012	1213.99	2033.33	112.03	227.99

资料来源：各年的《中国农业统计资料》

注："—"表示数据缺失

改革开放以来，我国园艺作物的产量增长迅猛。水果产量由 1978 年的 656.97 万 t 增长到 2012 年的 15 104.44 万 t，增长了近 22 倍，增势迅猛；蔬菜产量从 1978

年的 8243 万 t 增长到 2012 年的 70 200 万 t，增长了 7.52 倍；2012 年茶叶产量为 178.98 万 t，比 1978 年增长 6.67 倍，约占世界茶叶产量的 31%（表 2.2）；据中国食用菌协会和国家大宗食用菌产业技术体系经济研究室的统计，食用菌产量从 1978 年的 5.8 万 t 增长至 2012 年的 2828 万 t，增长 5.68 倍，年均增幅达 19.96%，2012 年，我国食用菌产量占到了世界总产量的 75% 以上。

表 2.2　1978～2012 年中国主要园艺作物总产量　　　　　（单位：万 t）

年份	水果	蔬菜	茶叶
1978	656.97	8 243	26.80
1988	1 666.10	—	54.54
1998	5 452.85	38 484	66.50
2007	10 520.32	56 452.04	116.55
2008	11 338.92	59 240.35	125.76
2009	12 246.39	61 823.80	135.86
2010	12 865.23	65 099.40	147.51
2011	14 083.30	67 957.41	162.32
2012	15 104.44	70 200.00	178.98

资料来源：各年的《中国农业统计资料》

注："—"表示数据缺失

2. 区域布局

（1）水果

苹果、柑橘、梨、香蕉是我国最主要的水果产品。我国水果主要分布在山东、河北、广东、陕西、福建、广西、河南、辽宁、黑龙江、江苏、浙江、安徽、湖北、湖南等省（自治区）。其中苹果主要分布在北方，其主产地是山东、陕西、河南、河北、辽宁等省，五省的苹果产量占全国苹果产量的 80% 以上。柑橘则主要在南方种植，其主产地是浙江、福建、湖南、广东、湖北、广西、四川等省（自治区）。梨的主产地是河北、山东、湖北、辽宁、江苏等省。香蕉的主产地是广西、海南、重庆、江西等省（自治区、直辖市），其中广西是香蕉产量最大的自治区。中国果树总体生产布局的演变趋势是由东部沿海向西北黄土高原、西南高地等内陆地区推移，由平原向江河湖海滩涂地、高海拔的山坡地发展。

（2）干果

改革开放以来，中国干果取得了极大发展。由于干果具有适应性强、管理简便、兼具生态效益和社会效益等优点，在我国的分布极广，栽培区覆盖我国绝大多数山区。目前，东北-内蒙古产区、西北干旱绿洲产区、云贵高原产区、华南热带产区、青藏高原产区、黄河中下游产区、长江中下游产区及江南丘陵山地产区等为我国干果业优势产区。以干果中种植面积和产量最大的红枣为例，中国红枣产量占世界的98%，其栽培相对比较集中，90%分布在河北、河南、山东、山西和陕西五省，南方的广西、湖南、湖北等地也有少量生产。

（3）蔬菜

经过几十年的发展，我国蔬菜生产进一步集中、竞争优势进一步优化。"近郊为主、远郊为辅、农区补充"的生产格局已逐步向"农区为主、郊区为辅"的生产格局转变。基本形成了华南与西南热区冬春蔬菜、长江流域冬春蔬菜、黄土高原夏秋蔬菜、云贵高原夏秋蔬菜、北部高纬度夏秋蔬菜、黄淮海与环渤海设施蔬菜等六大优势区域（国家发展和改革委员会和农业部，2012）。山东、河北、河南、江苏、四川、湖北、湖南、广东、辽宁、广西等省（自治区）为我国重要的蔬菜生产地。山东为我国蔬菜生产第一大省，其次分别为河北、河南、江苏、四川、湖北、湖南、广东、辽宁、广西。

（4）食用菌

我国食用菌产业历经30年的发展，逐步形成了太行山南麓食用菌优势区、小兴安岭-长白山食用菌优势区、黄淮海平原食用菌优势区、武夷山区食用菌优势区、湘南-桂北-南岭食用菌优势区、四川盆地食用菌优势区、秦巴山区食用菌优势区、西北潜在食用菌优势区等八大优势区雏形，涵盖了全国15个省（自治区、直辖市）的150多个县（市）。

（5）花卉

初步形成了十大花卉产区，其中鲜切花产区以辽宁、云南、广东等省为代表；盆栽植物产区以福建、广东、云南等省为代表；观赏苗木产区以浙江、江苏、河南、山东、湖南等省为代表；盆景产区以福建、四川、广东、浙江等省为代表；花卉种苗产区以上海、云南、广东等省（直辖市）为代表；花卉种球产区以辽宁、云南、福建等省为代表；花卉种子产区以内蒙古、甘肃、山西等省（自治区）为代表；食用药用花卉产区以湖南、四川、河南、河北、山东等省为代表；工业及其他用途花卉产区以黑龙江、云南、新疆等省（自治区）为主；设施花卉产区以北京、上海、广东等省（直辖市）为主。

（6）茶

我国茶叶近年来优势区域布局明显，根据品种不同分别形成了多个区域布局。其中红茶生产中心以皖南、滇西、粤桂部分县为主；绿茶分布相对广泛，但也形成了一定的集中片区，如浙闽丘陵区、黄山太湖区、大别桐柏区、闽粤丘陵区、两湖丘陵区、五岭区、武陵区、粤西桂东区、秦巴区、海南区、川黔区及滇西南区等；乌龙茶生产中心为闽西北、闽南和粤东地区，而普洱茶则集中分布在滇西南地区。

3. 品种结构

（1）水果

改革开放以来，我国引进的国外果树品种为 1700 余个，葡萄 230 余个、苹果 750 余个、梨 150 余个，促进了我国水果主栽品种的更新。

中国产量较大的水果主要有柑橘、苹果、梨、桃和香蕉等。目前中国是世界上鲜果生产最多的国家，苹果、柑橘、梨、桃的产量居世界首位。苹果、柑橘和梨是我国三大水果，其中苹果是我国最大的水果品种，产量占全国水果总产量的 30%以上。

（2）干果

我国是世界干果生产第一大国，干果生产历史悠久，栽培的主要干果树种约为 30 种，其中枣、酸枣、柿、君迁子、板栗、仁用杏、银杏、榛等多种中药干果起源于我国。目前，中国产量较大的干果主要有枣、板栗、核桃、仁用杏、榛、柿和阿月浑子（即开心果）等。其中，中国板栗、枣、枸杞及仁用杏等干果栽培面积和产量居世界首位。

（3）蔬菜

我国蔬菜种类繁多，据统计，我国现今拥有的栽培蔬菜作物（含食用菌、西甜瓜）至少有 298 种，分属 50 个科（方智远和张武男，2011），其中常年生产的蔬菜达 14 大类 150 多个品种。其中大白菜、萝卜、黄瓜、甘蓝、番茄、茄、辣椒等种植面积较大，2006 年大白菜、萝卜、黄瓜、甘蓝、番茄、茄、芹菜、大葱、胡萝卜 9 种蔬菜的播种面积占全国蔬菜总播种面积的 48.4%，产量占到了当年蔬菜总产量的

56.7%。9 种蔬菜中大白菜播种面积占蔬菜总播种面积的 14%、产量占 18%；萝卜播种面积和产量均约占 7%；黄瓜、番茄、甘蓝播种面积均约占蔬菜总播种面积的 5%，产量黄瓜占 7%左右、甘蓝约占 6%、番茄约占 5%；茄播种面积和产量均约占 4%；芹菜和大葱播种面积均约占 3%，但芹菜产量约占 4%，大葱产量约占 3%。

（4）食用菌

我国食用菌种质资源丰富，呈现出"大宗品种主导，珍稀食用菌、野生菌和药用菌快速发展"的总体格局。我国不仅盛产香菇、平菇、双孢蘑菇、金针菇、草菇、黑木耳等大宗品种，而且培育了银耳、滑菇、猴头菇、鸡腿菇、白灵菇、杏鲍菇、茶树菇、秀珍菇等大批珍稀品种，此外，以灵芝、天麻等为代表的药用菌品种及以松茸、牛肝菌、块菌等为代表的野生食用菌也获得快速发展。香菇、平菇、木耳、双孢蘑菇、金针菇、毛木耳等大宗品种占全国食用菌产量的 86%；珍稀品种、药用菌及野生食用菌品种虽然得到了长足的发展，但其产量规模仍然较小，还未形成规模经营。

（5）其他

我国花卉品种主要包括鲜切花、盆花、观赏植物三大类，其中鲜切花占 60%，盆花占 30%，观赏植物占 10%。鲜切花品种主要有菊花、月季、唐菖蒲、香石竹、马蹄莲、百合、火鹤花等；盆花则以瓜叶菊、菊花类、一串红、比利时杜鹃、仙客来等为主；观果类盆栽植物主要是苹果、葡萄、金橘、石榴、佛手等；观叶类植物主要有绿萝、瓜栗、巴西木、棕竹、散尾葵、喜林芋、绿色巨人等。我国现代名茶有数百种之多，一般分为绿茶、红茶、青茶（乌龙茶）、黄茶、黑茶、白茶。

4. 进出口贸易

（1）园艺产品进出口贸易概况

以 2000 年为分界点，各类园艺产品出口量波动剧烈，进口量却保持持续增长态势。2000 年以后，各种园艺产品的进口量和出口量都快速增长，尤其是加入世界贸易组织以后，园艺产品进口呈现跳跃式增长（表 2.3），2000～2012 年，我国园艺产品出口额增长了 4.4 倍，进口额增长了 12 倍，年增长率进口有 9 年超过 25%，出口有 6 年超过 20%。相对于出口额而言，园艺产品进口额远远小于出口额，是平衡农产品贸易逆差的重要因素，2012 年我国园艺产品贸易顺差达到 131.57 亿美元。

表 2.3 1995～2012 年中国园艺产品进出口贸易状况

年份	进口额/（×10⁶美元）	环比增长率/%	出口额/（×10⁶美元）	环比增长率/%	贸易顺差/（×10⁶美元）
1995	197.94	—	3 769.41	—	3 571.46
1996	322.66	63.01	3 572.16	−5.23	3 249.51
1997	345.76	7.16	3 606.29	0.96	3 260.53
1998	367.35	6.25	3 498.52	−2.99	3 131.16
1999	419.54	14.21	3 589.86	2.61	3 170.32
2000	553.45	31.92	3 813.61	6.23	3 260.16
2001	705.40	27.45	4 254.49	11.56	3 549.09
2002	738.28	4.66	4 789.52	12.58	4 051.24
2003	945.29	28.04	5 772.62	20.53	4 827.32
2004	1 249.51	32.18	6 960.74	20.58	5 711.23
2005	1 449.32	15.99	8 218.24	18.07	6 768.92
2006	1 815.35	25.26	9 873.87	20.15	8 058.53
2007	2 149.37	18.40	12 332.07	24.90	10 182.70
2008	2 314.66	7.69	13 631.52	10.54	11 316.86
2009	3 281.97	41.79	13 573.37	−0.43	10 291.40
2010	4 371.07	33.18	17 564.38	29.40	13 193.30
2011	5 812.61	32.98	21 141.17	20.36	15 328.56
2012	7 281.40	25.27	20 438.54	−3.32	13 157.14

数据来源：根据联合国贸易商品统计数据库（UN COMTRADE）数据整理

（2）中国园艺产品出口贸易

在园艺产品出口贸易中，规模最大的园艺产品是蔬菜，其次是园艺制品，水果和茶叶的出口规模也比较大，花卉等活植物的出口最少。从出口贸易的变动趋势看，蔬菜的出口地位比较稳定，在总出口中的比例一直维持在 40%以上；园艺制品在总出口中的比例维持在 30%左右，水果在总出口中的比例维持在 10%～15%；茶叶在总出口中的比例不断下降，2012 年出口额仅占园艺产品出口总额的 9.5%。2003～2007年可视为中国园艺产品出口的 5 年"黄金增长期"，其间出口突破 100 亿美元（图 2.1）。

（3）中国园艺产品进口贸易

蔬菜和水果进口显现出明显增长态势，其中水果进口占园艺产品进口中的比例逐步上升，2012 年水果进口额占总进口额的 52%；园艺制品和蔬菜在园艺产品总进口中比例基本稳定；蔬菜进口额占总进口额的 33%；茶叶和花卉虽然进口额也有一定的增长，但由于增速较慢，进口额在总进口额中的比例不断下降（图 2.2）。

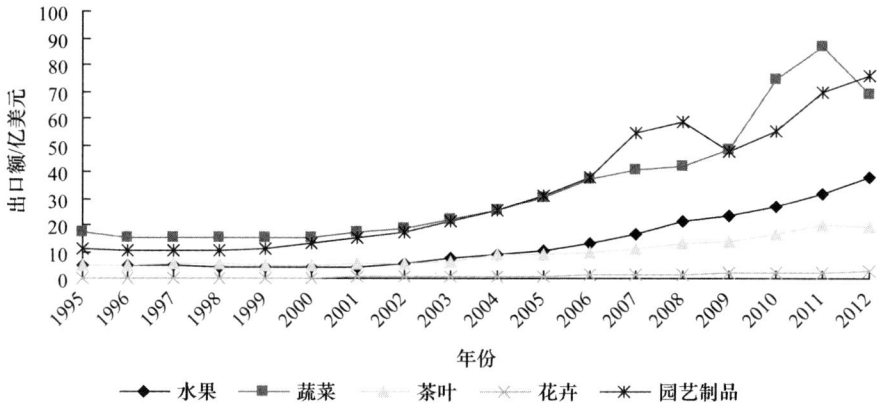

图 2.1　1995～2012 年中国园艺产品的出口额变动情况
数据来源：联合国贸易商品统计数据库

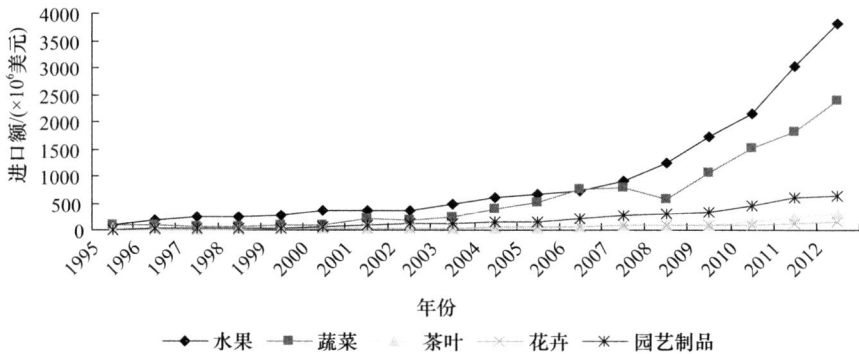

图 2.2　1995～2012 年中国园艺产品的进口额变动情况
数据来源：联合国贸易商品统计数据库

（二）我国园艺产业近 30 年取得的主要成就

1. 生产快速发展，产业规模世界第一

2012 年我国园艺作物种植总面积约为 3586 万 hm²，占全国种植业的 20% 以上。其中，蔬菜的种植面积为 2033.33 万 hm²，水果的种植面积为 1213.99 万 hm²，茶叶的种植面积为 227.99 万 hm²，花卉的种植面积为 112.03 万 hm²。

我国蔬菜产业无论种植规模还是产值呈现出逐年上升的态势，蔬菜种植面积和总产量一再创新高，播种面积由 1988 年的 603.19 万 hm² 发展到 2012 年的 2033.33 万 hm²，增长了 2.37 倍，产量从 2007 年的 5.65 亿 t 增长到 2012 年的 7.02 亿 t，创历史新高，蔬菜产值超过粮食，蔬菜产业成为种植业第一产业。根据联合国粮食及农业组织（FAO）最新统计数据，中国蔬菜（鲜菜）播种面积和产量均居世界第一，分别占世界的 51.1%、58.9%。

1978 年我国食用菌产量为 5.8 万 t，2012 年增长至 2828 万 t，年均增幅达 19.96%；自 1988 年以来我国一直保持着世界食用菌生产第一大国的地位，其中 1994 年我国食用菌总产量占世界总产量的 53.8%，此后不断上升，截至 2012 年，我国食用菌产量占到了世界总产量的 75% 以上。

改革开放之初，中国的水果总产量只有 657 万 t；20 世纪八九十年代，水果产业经过了一个快速发展阶段，1993 年，中国水果总产量跃居世界第一，其中苹果、柑橘、梨、桃、李、柿和核桃的产量都位居第一位（李莉，2010），2012 年我国水果总种植面积达 1213.99 万 hm^2。

我国花卉产业经过近 30 年的发展，已经成为我国农村经济的一个新的增长点，被誉为 21 世纪的 "朝阳产业"。30 年来，我国花卉产业生产总面积增长了 50 多倍，销售额增长了 90 多倍，出口额增长了 300 多倍。我国已成为世界最大的花卉生产基地、重要的花卉消费国和花卉进出口贸易国（李莉，2010）。

我国茶业依靠政策、投入和科技进步也进入了新的发展阶段。2012 年中国茶叶种植面积为 227.99 万 hm^2，约占世界茶叶面积的 50%，产量达到 191.5 万 t，约占世界茶叶产量的 31%，成为世界茶叶生产第一大国。

2. 生产技术水平显著提升，单产大幅度提高

改革开放以来，我国园艺产业生产技术水平有着显著的提升。先进的育种技术在园艺育种中得到应用，优良品种不断出现；据张扬勇等（2013）的研究，1978～2012 年，我国通过审定、鉴定、登记、国家鉴定的蔬菜品种有 4825 个，主要蔬菜作物均经过 3～4 代的更新换代，良种覆盖率达到 90% 以上；设施园艺在园艺生产中迅速发展，2008 年，全国园艺设施面积已达 350 万 hm^2，比 1978 年扩大 655 倍。其中蔬菜生产设施 334.67 万 hm^2，水果生产设施 8.92 万 hm^2，花卉生产设施 6.4 万 hm^2（设施园艺发展对策研究课题组，2010）；采后商品化处理技术得到提升，园艺产业链逐步完善，蔬菜商品化处理率在 "十一五" 末达到 40% 左右，据农业部不完全统计，2009 年全国蔬菜加工规模企业 10 000 多家，年产量 4500 万 t，消耗鲜菜原料 9200 万 t，加工率达到 14.9%（国家发展和改革委员会和农业部，2012）。技术的

进步推动园艺作物产业单产大幅度提升（表 2.4）。1978～2012 年，水果单产从 3.965 534t/hm² 增长到 12.441 98t/hm²，增长了 2.14 倍；蔬菜单产从 24.746 32t/hm² 增长到 34.524 65t/hm²，增长了 39.5%；茶叶单产从 0.255 847t/hm² 增长到 0.785 034t/hm²，增长了 2.07 倍。即便在最近 5 年，水果、蔬菜、茶叶的单产增幅虽然有所下降，但仍然保持着正增长的总体态势。

表 2.4　1978～2012 年中国园艺作物单产　　　　　　　　（单位：t/hm²）

年份	水果	蔬菜	茶叶
1978	3.965 534	24.746 32	0.255 847
1988	3.288 723	—	—
1998	6.388 736	31.306 13	0.629 437
2007	—	32.577 19	0.722 432
2008	10.563 26	33.139 79	0.731 418
2009	10.993 66	33.573 80	0.734 974
2010	11.144 61	34.263 02	0.748 706
2011	11.904 13	34.603 29	0.768 342
2012	12.441 98	34.524 65	0.785 034

资料来源：根据各年的《中国农业统计资料》计算

注："—"表示数据缺失

3. 区域布局日趋合理，周年均衡供应能力明显提高

园艺作物的生长对光、热、温度有特殊的要求，因此园艺产品的上市具有明显的季节性特点。由于园艺产品（尤其是蔬菜）不耐储运，因此在温度较低的冬春之交和温度较高的夏秋之交，蔬菜市场往往供应比较紧张，价格上涨，这就是传统的"春淡"和"秋淡"。近年来，在农业主管部门的统一规划下，我国不断调整园艺产品生产布局，建立了华南冬春蔬菜、长江上中游冬春蔬菜、黄土高原夏秋蔬菜、云贵高原夏秋蔬菜、黄淮海与环渤海设施蔬菜等蔬菜生产基地，基本形成了设施蔬菜、高山蔬菜、冷凉蔬菜搭配的格局，加上全国蔬菜大生产、大市场、大流通的格局逐渐形成和储运条件的改善，使得蔬菜周年均衡供应能力显著提升，传统的"春淡"和"秋淡"明显改善。即使在传统蔬菜价格最高的 3～4 月，蔬菜市场依然品种丰富、数量充足，价格相对稳定。反映在蔬菜价格的波动轨迹上，表现为在剔除了物价因素后，25 种蔬菜月度价格的波动幅度明显减小（图 2.3）。

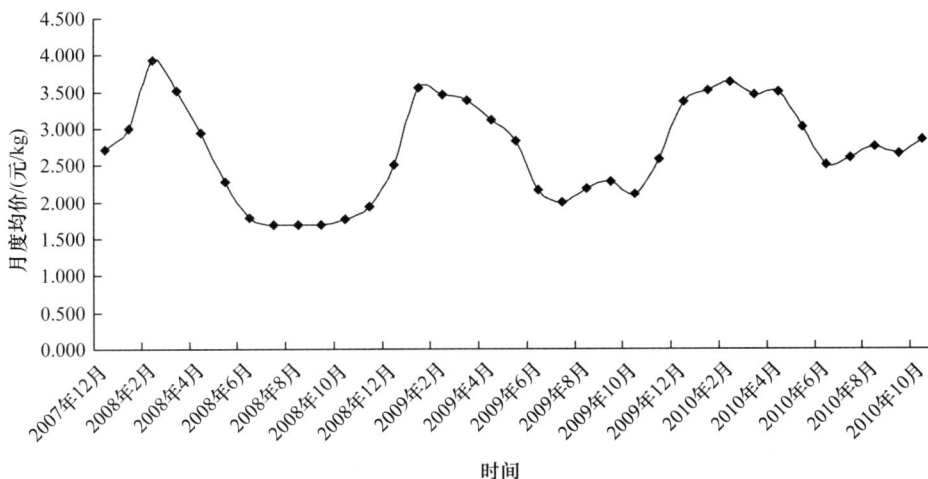

图 2.3　剔除物价因素后 25 种蔬菜月度均价

图中 25 种蔬菜的月度均价采用 CPI 进行了平减，故可反映剔除通货膨胀影响后蔬菜价格的实际变化

4. 质量安全状况总体良好

由于各级政府对园艺产品质量安全问题的高度重视，先后组织实施了无公害食品行动计划、蔬菜标准园创建等活动，园艺产品的质量安全状况正在逐年改善。农业部农产品质量安全例行监测结果显示：多年来园艺产品合格率一直保持较高的水准并且呈现上升的趋势。以蔬菜为例，2009年我国蔬菜农药残留的合格率达到96.4%；2010年的三次农产品质量安全例行监测蔬菜产品合格率分别为95.4%、96.9%和96.6%；2011年三次农产品质量安全例行监测蔬菜产品合格率分别为97.1%、97.9%和98.1%；2012年三次农产品质量安全例行监测蔬菜产品合格率分别为97.3%、98.0%和98.0%；2013年一、二、三季度蔬菜产品的合格率虽然有所下降，分别为95.1%、96.7%、97.8%，但仍然维持在较高的水准。

5. 特色园艺产品竞争力加强

随着人们环保、健康、美观等意识的不断提高，食用无公害、绿色、有机的果品或蔬菜正在成为新的消费热潮；外观独特且观赏价值、食用价值、药用价值俱佳的新果品品种、花卉品种受到市场欢迎；特色品牌茶叶在市场中稳步增长和发展。我国生产的环保、安全、高效、美观的特色园艺产品正在成为市场上极具竞争力的农产品。

同时，由于塑造品牌能有效促进农民增收、产业增效，提高园艺产品市场竞争力，政府重点实施了特色优质园艺产品品牌战略，积极鼓励园艺产品生产基地培育特色产品。通过近 30 年的努力，我国园艺产业的结构得到不断调整，发展壮大了一批"名、特、优、精、深"的园艺产品，提高了特色园艺产品在全球市场上的国际竞争力。例如，伴随着食用菌产业的发展，我国形成了以福建福田和漳州，浙江龙泉、庆元、景宁和磐安，河南西峡，湖北随州，河北平泉，山东莘县、邹城及四川大邑、金堂等具有国际竞争力的出口基地。

6. 进出口贸易增长迅速

加入世界贸易组织（WTO）以后，我国园艺产品的进出口贸易得到了快速发展，进出口贸易量和贸易额均呈现持续增长的趋势。出口方面，出口额由 2000 年的 38.17 亿美元上升到 2012 年的 204.39 亿美元，增长了约 4.4 倍；在出口品种方面，规模和增长速度最大的是蔬菜和水果。进口方面，进口额从 2000 年的 5.53 亿美元增长到 2012 年的 72.81 亿美元，增长幅度超过 13 倍，进口产品中，增长最快的是水果和蔬菜，2012 年水果进口额占总进口额的 52%，蔬菜进口额占总进口额的 33%。从变化趋势看，水果在整个园艺产业中的进口比例正在逐步提高；园艺制品和蔬菜在园艺产品总进口中比例基本稳定；而茶叶、花卉进口比例呈现下降趋势。

（三）我国园艺产业近 30 年发展的主要经验

1. 政府重视并支持园艺产业的发展

政府重视和支持是园艺产业得以迅速发展的重要原因。园艺产业是农民增收、农业增效和提高城乡居民生活水平的重要产业，相对于大宗农产品而言，园艺产品种植效益较高，因此成为各级地方政府调整农业产业结构的重点目标，许多地方出台了相关政策对园艺产业加以扶持。一是支持主要园艺作物产区的基础设施建设。二是投入资金对园艺产业相关主体加以培训，提高园艺产品生产大户、专业协会、农民合作经济组织和龙头企业的生产经营能力。三是针对信誉度高、带动面大、对农民增收贡献大的园艺产业龙头企业，通过制定政策引导金融机构给予支持。四是加大对园艺产业的科研投入力度，设立各种科研和科技推广专项，提高了园艺产业的技术水平。例如，"948"技术引进专项、"丰收计划"、优势农产品重大技术推广项目、"种子工程"、农业综合开发专项、"旱作节水农业""测土配方施肥"等，使得园艺产业良种培育、病虫害防治、优良栽培模式的推广等有了较大改善。五是加强园艺产业重点产区和市场的基础设施建设，初步实现了以较好的生产、加工、储运设施条件保证园艺产品的生产和营运。例如，遍布全国各地的"绿色通道"网络化设施有效解决了"南菜北运""北果南调"等产品调运问题，有力地推动了全国园艺产业的发展。

2. 坚持因地制宜发展原则

我国幅员广阔，各地区自然资源禀赋存在着明显的差异，部分园艺产品生产对自然环境要求相对苛刻，因此发展园艺产品必须坚持因地制宜的原则，这也是我国园艺作物产业近30年发展的一个重要经验。一是合理规划园艺产业发展区域布局，根据各地自然生产条件，发展不同类型的果蔬产业。二是在摸清国内外市场需求的基础上，发展符合市场需要的有特色、高附加值的优势园艺产品。例如，新疆地区作为瓜果园艺的优质高产区，其葡萄种植面积占全国的30%，产量接近40%，在国内外都享有盛誉。三是鼓励"一村一品"的发展，形成集聚规模效应。并以市场需求为导向，结合自身的自然资源禀赋，合理定位生产的园艺产品，逐步建立具有明显区域特点的产业链条和集群。例如，花卉产业已经作为云南省的地标产业，滇中地区拥有3万亩花卉生产基地，滇南和滇西地区各有1万亩，2013年云南花卉产业总产值已达340亿元。在蔬菜产业发展上，北方产区利用较丰富的土地和日光资源发展温室设施蔬菜，南方产区利用相对丰富的水和气候资源，发展专业化、规模化的露地蔬菜和大棚设施蔬菜。以海南、广西、云南为代表的南方反季节蔬菜充分利用了南方冬季气温高的气候条件，形成了"南菜北运"的全国蔬菜生产与运营模式。

3. 秉承"高产、高效、优质、生态、绿色"的发展理念

消费者对水果、蔬菜、茶叶等园艺产品的需求是动态变化的。过去，由于产品相对短缺，因此园艺生产主要是为了满足人们对园艺产品数量的需求，随着园艺产业的发展，人们对园艺产品数量的需求逐渐得到了满足，正在逐渐向对园艺产品品质的需求转变。根据居民消费需求的变化，在近30年的发展过程中，我国园艺产业逐步形成了"高产、高效、优质、生态、绿色"的发展理念并在实践中践行。产业

的发展不仅强调提高产量和增加农民收益，还强调品质优良、食用放心、发展持续，园艺产品的良种使用率、品牌化率不断提高。随着我国"由农田到餐桌"的食品安全检测体系的不断完善和安全优质园艺产品价值逐步被消费者接受，未来有机、绿色、无公害的园艺产品的生产空间更为广阔，发展前景乐观。

4. 以技术开发和创新作为园艺产业发展的重要手段

在近 30 年的园艺产业发展实践中，从政府主管部门到具体的园艺产品生产者都逐渐认识到技术开发和创新在园艺产业发展中的重要作用。政府鼓励推广引进新技术和新品种；强调水果、蔬菜新品种的引进筛选试验，提高了新品种和新技术的筛选要求，保证了园艺产品的创新价值；加强了产品采后处理、保鲜、包装、储运技术的研发，逐步完善园艺产品从生产到销售的产业链，使得园艺产品外在质量和内在质量较以前都得到较大改善，产品附加值逐渐增加；农户在生产实践中也逐步意识到开发创新的作用，开发创新意识有所增强，积极主动地采用新园艺产品品种，采纳新生产技术，产业的整体生产技术水平有较大的提高。通过技术开发和创新提高园艺产品的产量和品质。

5. 大力推进园艺产品品牌建设

顺应广大消费者对名牌园艺产品需求不断增长的发展趋势，大力推进园艺产品品牌建设。第一，政府鼓励园艺产业中的农业龙头企业和种植大户创立创建园艺产品品牌，名果、名茶、名菜等各种品牌园艺产品如雨后春笋不断涌现。第二，根据地方资源禀赋条件发展具有地方特色的园艺产业并积极申报地理标志产品。例如，享有"世界硒都"之称的恩施大力发展富硒茶，目前拥有茶园面积 100 万余亩，年产量 5 万 t，年产值近 30 亿元。第三，重点加强园艺产品的品牌建设和推广，提高园艺产品的附加值。国内外闻名的安溪铁观音通过各种品牌建设，带动了品牌价值的提升和销量的大增，在 2012 年销售额已达到 12 亿元。

6. 实施出口带动战略

对外开放是近 30 年来我国经济高速发展的重要原因之一。出口带动战略的实施对我国园艺产业的高速健康发展同样具有不可低估的作用，直接促进了我国园艺产品对外贸易的高速发展，我国园艺产品出口额由 2000 年的 38.17 亿美元增长到 2012

年的 204.39 亿美元。虽然出口额在园艺产品总值中所占的分量仍然很小，但其对调节国内供求、平衡农产品贸易逆差、发现和引导园艺产品发展方向起到了重要作用。因此在未来的发展中，高度重视园艺产业对外贸易、继续实施出口带动战略，通过出口退税等相关政策扶持一批有一定竞争力的园艺产品出口生产基地和进出口企业仍然是我国园艺产业健康发展的一条有效路径。

三、我国园艺产业存在的主要问题

（一）生产组织化程度低

1. 经营规模偏小

改革开放以来，我国的园艺产业发展迅速，但是园艺产业的快速增长主要是依靠种植面积的增长实现的，粗放的经营方式并没有带来相应的规模效益。近 10 年来，尽管我国园艺生产经营规模化、专业化水平在逐渐提升，但我国园艺产业生产仍然以小规模农户生产为主。农户年龄偏大，受教育程度较低，经营规模狭小，主要采用传统的生产方式，抵御自然灾害，应对市场变化的能力很弱，没有形成规模效应的格局仍然没有改变。以蔬菜产业为例，根据 2012 年国家大宗蔬菜产业技术体系产业经济研究室分布于全国各省（自治区）实验站完成的调查资料：在 3680 户被调查蔬菜种植户中，平均年龄 46 岁；其中 20 岁以下农户有 7 户，占被调查样本的 0.2%；20～30 岁农户有 129 户，占被调查样本的 3.5%；30～40 岁农户有 832 户，占被调查样本的 22.6%；40～50 岁农户有 1641 户，占被调查样本的 44.6%；50～60 岁农户有 861 户，占被调查样本的 23.4%；60 岁以上农户有 210 户，占被调查样本的 5.7%（图 3.1）。在对受教育程度进行回答的 3554 名菜农中，小学及以下学历 392 人，约占被访者的 11%，初中学历 2099 人，约占被访者的 59%，高中或中专学力 996 人，约占被访者的 28%，大学及以上学历 67 人，约占被访者的 2%。留乡务农的菜农，小学学历的平均年龄为 51.6 岁，初中学历的平均年龄为 46.21 岁，高中学历的平均年龄为 44.4 岁，大学及以上学历的平均年龄为 40.8 岁（图 3.2）。在回答经营规模的 3609 户蔬菜种植户中，种植规模 5 亩以下的 1418 户，占被调查样本的 39.3%；种植规模 5～10 亩的 1148 户，占被调查样本的 31.8%；种植规模 10～20 亩的 541 户，占被调查样本的 15%；种植规模 20～30 亩的 137 户，占被调查样本的 3.8%；种植规模 30～40 亩的 47 户，占被调查样本的 1.3%；种植规模 40～50 亩的 69 户，占被调查样本的 1.9%；种植规模 50 亩以上的 249 户，占被调查样本的 6.9%。水果、花卉、茶叶产业除了单个经营者经营规模相对较大之外，经营者年龄大、受教育程度较低等问题同样存在（图 3.3）。

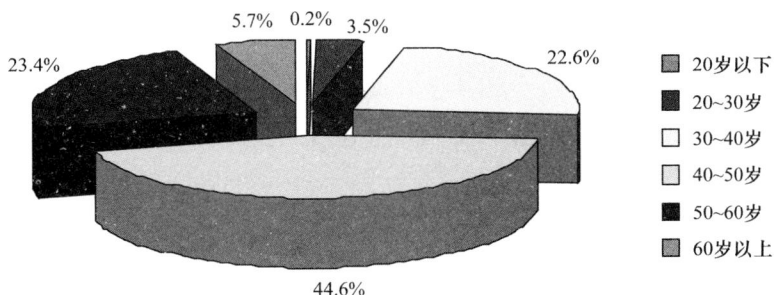

图 3.1　蔬菜种植户年龄结构
资料来源：国家大宗蔬菜产业技术体系各实验站调查资料
（彩图请扫描文后末页二维码阅读）

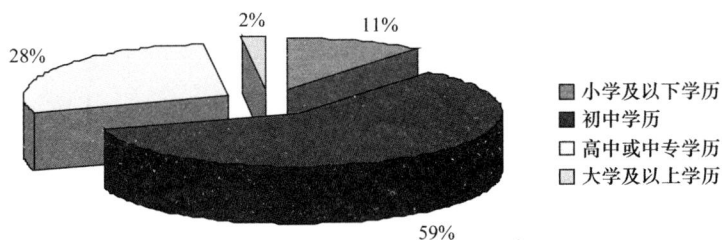

图 3.2　菜农受教育程度分布图
资料来源：国家大宗蔬菜产业技术体系各实验站调查资料
（彩图请扫描文后末页二维码阅读）

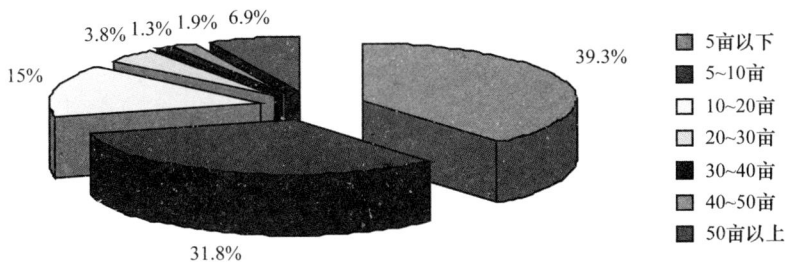

图 3.3　蔬菜种植户规模结构
资料来源：国家大宗蔬菜产业技术体系各实验站调查资料
（彩图请扫描文后末页二维码阅读）

2. 兼业化现象普遍

农户兼业是指农户既经营农业又从事非农产业的一种跨部门经营现象。改革开放
30 多年来，我国农村转移出了大量农村剩余劳动力，但这些农村劳动力并没有完全
脱离农业，农村家庭兼业农业发展十分普遍。在园艺产品的生产中，同样存在着普遍
的兼业化现象。根据大宗蔬菜产业技术体系的调查，在被调查的 3859 农户中，兼业

户为 3483 户，农户兼业率已高达 90.26%；专业户 376 户，仅占 9.74%。农户兼业生产分散了其对农业的投入，加之小农户的生产模式决定了其规模报酬是递减的，导致了农民对生产投入没有积极性，限制了农业自身积累投入机制的形成。除此之外，兼业农户误农时、专业性不强、技术不娴熟等问题也制约着园艺产业的发展。

3. 合作社发展滞后

合作社是园艺产业生产经营的重要组织主体。国家工商行政管理总局 2013 年 1 月 10 日公布的数据显示，2012 年年底，我国农民专业合作社有 68.9 万户，比上年年底增长 32.07%，出资总额 1.1 万亿元，相比 2011 年增长 52.07%。尽管农民专业合作组织在数量上有着明显增长，但高速增长的背后仍然隐藏着规模小、实力弱、技术服务程度低等诸多问题。这些问题在园艺产品合作社中表现得更为突出。主要表现在：园艺专业合作社大多数还处于起步阶段，规模小，综合实力不强，小的合作社甚至只有几十名成员，大的合作社也不过联系 200~300 家农户，联系农户达到 500 家以上的寥寥无几；许多园艺产品专业合作社，服务内容单一，带动能力不强，合作层次不高，为合作社成员的服务仅停留在原料供给等一些低层次服务上，"五统一"远远没有实现；由于规模小、盈利少，合作社自我积累能力弱和农村金融供给严重滞后，合作社难以通过金融手段获取发展所需的资金支持，导致合作社资金缺乏，虽然为缓解合作社资金瓶颈，国家在财政、税收、信贷等方面都出台了很多对合作社的优惠扶持政策，但实际执行、落实大打折扣。此外，由于从业者整体素质偏低，园艺产业合作社科技人才匮乏已经成为制约农民专业合作社发展的一个重要瓶颈。

4. 品牌化率较低

虽然我国蔬菜、水果及花卉等园艺产品的生产量位居世界第一，部分品种存在一定的国际比较优势，出口增长也较快，但是我国园艺产品多以原料和半成品形式出口，产品附加值低，尤其是缺少精深加工或者高附加值的产品，并未形成竞争力很强的品牌。虽然近 20 年来我国蔬菜出口增长很快，但出口均价几乎没有变化，1995 年我国蔬菜出口均价为 1011.7 万美元/万 t，2012 年出口均价也只有 1070.7 万美元/万 t，可见在全球市场竞争中，我国园艺产业能获得的不过是廉价劳务费。当前我国劳动力成本处于上升时期，以往园艺产品的低成本优势将有所减弱。从国内园艺产品市场情况看，由于生产组织化程度低，小规模的生产者根本没有能力和实力考虑品牌问题，因此国内市场上销售的蔬菜、水果、花卉的品牌较少，产品品牌化率低。

（二）生产布局不尽合理

经过多年发展，我国园艺产业在规模上增长较快，布局也正在逐步优化，但仍然存在着生产比较集中、大中城市供给保障能力下降等问题。这些问题在蔬菜产业中表现尤为突出。

1. 生产比较集中

我国蔬菜生产比较集中，空间上呈现聚集的趋势。据统计，1990 年蔬菜播种面积位列全国前十位的省（自治区）分别是四川、河北、江苏、河南、湖南、山东、广东、江西、湖北、广西，共计 $2238.7×10^3hm^2$，占全国的 60.7%；总产量位列全国前十位的省（自治区）分别是山东、四川、河南、河北、江苏、广东、湖北、湖南、辽宁、黑龙江，共计 13 368.8 万 t，占全国的 68.5%。2011 年蔬菜播种面积位列全国前十位的省（自治区）分别是山东、河南、江苏、广东、四川、湖南、河北、湖北、广西、安徽，共计 12 429.5×10^3hm^2，占全国的 63.3%；总产量位列全国前十位的省（自治区）分别是山东、河北、河南、江苏、四川、湖北、湖南、广东、辽宁、广西，共计 46 061.3 万 t，占全国的 67.9%。在 20 多年的时间里，尽管产量位列前十位的省（自治区）占全国的比例略有下降，但播种面积位列前十位的省（自治区）占全国的比例仍在上升。蔬菜生产比较集中，一方面体现了产业的优势集聚；另一方面也使非集聚地区，尤其是蔬菜主要消费地大中城市的蔬菜供应更多地依赖从蔬菜产区的长途调运，增加了运输成本和保供风险（图 3.4～图 3.7）。

2. 大城市郊区蔬菜面积骤减，蔬菜种植过度向农区集中，加剧了蔬菜价格波动的风险

近年来，随着工业化和城镇化建设步伐加快，城市周边地租不断上涨，用于工业开发区建设、房地产开发等产业土地的收益远超过蔬菜种植收益，我国大多城市

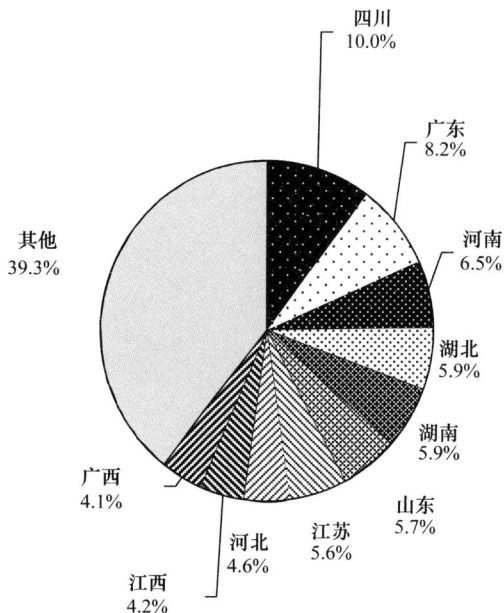

图 3.4　1990 年蔬菜面积分布图

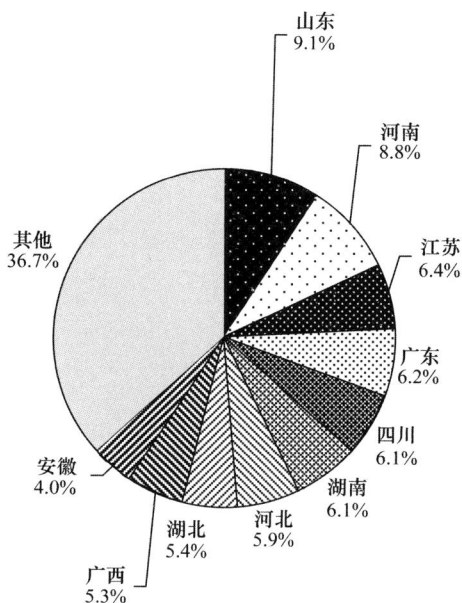

图 3.5　2011 年蔬菜面积分布图

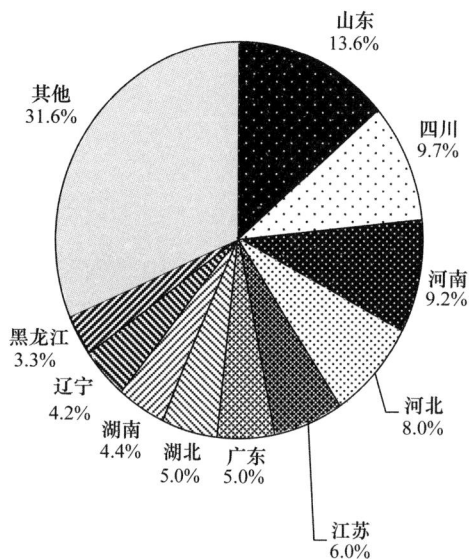

图 3.6　1990 年蔬菜产量分布图

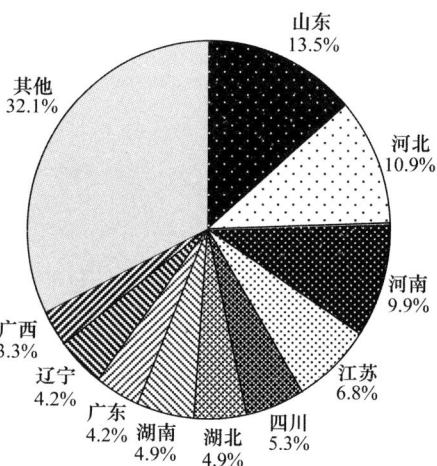

图 3.7　2011 年蔬菜产量分布图

近郊地区的专业菜地很多被征收用于道路、房产等城镇建设开发，尚未征用的也被纳入城镇建设规划，导致城市周边大量的蔬菜生产基地迅速消失，菜农也无心投入专心生产，虽然制定了菜地占补平衡政策，但由于实际落实过程中打了折扣。加之新菜地生产力明显不如老菜地,中心城区市场所销售的蔬菜大量依靠外调和农区供应。据课题组在中部某省的调研,菜地占补不平衡、先占后补、占多补少、补后又占、征占不补的现象依然存在。该省某市近两年内城区蔬菜基地面积减少了 6000 亩左右,蔬菜供应能力减少了 1/3;另一城市 20 世纪的近郊优质菜地大部分被征用,每年的征占速度为 500~1000 亩,现在城郊服务城区的菜地不到 6000 亩,周边小城镇服务该市城区的精细菜地只有大约 1 万亩。

蔬菜产业大流通的格局已逐步形成,蔬菜生产的地域限制逐渐弱化。目前蔬菜生产已由"就地生产、就地销售"逐步向"一地生产、全国销售"转变。各蔬菜主产地的资源禀赋优势得到较好发挥,蔬菜生产专业化分工进一步细化,资源配置的效率提高。另外,我们应看到蔬菜在产区集中生产的风险,主产区突发的自然灾害会直接影响大中城市蔬菜的供应;"连作障碍"、病虫害防治的困难也进一步加大;蔬菜主产区的供给波动会放大零售终端价格波动的幅度。此外,大中城市城郊蔬菜生产急剧萎缩,城市等主销地蔬菜生产依赖于长距离的运输。自然灾害对运输效率的负面影响会加剧蔬菜供需的结构性矛盾,导致主产区"卖难"和主销区"买难"同时出现。逐步向外扩的城镇远郊蔬菜生产基础设施薄弱,设施蔬菜建设水平低,减灾抗灾能力差,缺乏病虫害控制经验,这也进一步加剧了市场供需矛盾,导致价格波动加剧。

3. 南北、南南蔬菜主产区竞争加剧

我国园艺产品区域消费市场格局是长期形成的,同时市场容量是有限的,盲目快速发展某一区域的园艺生产可能会导致区域间的无序竞争。北方设施蔬菜在发展过程中虽然很注重尽量同南方露地蔬菜在上市时间和品种结构上有一定的差异,但由于近年来,北方设施蔬菜的发展较快,不可避免地在上市时间和品种上与南方出现部分交叉,虽然目前南北蔬菜供给还处于互补为主,但随着南北蔬菜产业规模的发展,将可能出现南北蔬菜之间竞争的新态势;同时在南方蔬菜产区,受到当地政府的支持和农户对蔬菜产业效益的追求,相关地区蔬菜产业均有较大发展,但各区域间的蔬菜生产未能形成合理分工,产业结构趋同较严重,区域比较优势未得到真正发挥,南方不同蔬菜产地间也初现竞争态势。据课题组调查,2013 年 1 月是海南冬季瓜菜上市季,但由于气候好,广西、云南等地青瓜、茄子、番茄等提前上市,与海南的瓜菜相撞,几省菜农在丰收年却遭遇了菜价低迷,广西番茄和黄瓜价格只

能卖到 0.7～0.9 元/斤*，种植户亏损较严重。

■（三）流通体系不健全

1. 现代冷链物流建设滞后，成为制约园艺产品流通的瓶颈

园艺产品属于鲜活易腐农产品，对流通设施及设备的要求较高。而在投入不足的条件下，我国园艺产品流通过程中仓储和运输环节的冷链建设相对滞后，加上园艺贮藏保鲜技术手段不发达，造成我国园艺产品流通过程中损耗较大，在很大程度上限制了我国园艺产品特别是蔬菜的长距离流通。据调查，目前我国蔬菜流通大多仍采用"冰块+被褥"等传统的方式进行，这种原始的冷藏方法无法有效地控制蔬菜贮藏中的温度，产生的蔬菜损耗率高达 20%～30%，不利于蔬菜的长时间、远距离流通。而目前美国、澳大利亚等发达国家在农产品运输过程中普遍采用现代冷链物流，在仓储环节采用冷库预冷，运输环节采用低温冷藏车装运，基本能将长途运输过程中的蔬菜损耗率控制在 5%以下。水果方面，尽管我国水果贮藏技术与投入越来越多，但损耗率依然较高。以贮藏水平较高的赣州为例，2012 年某公司有 18 个贮藏库，果品贮藏量接近 3000 万 kg，贮藏成本为 0.5 元/kg，但损耗率仍高达 8%～10%。相关资料显示：中国柑橘一年的损耗量就有三四百万吨以上，超过日本、韩国全国产量。

2. 流通环节较多，流通成本高

大部分蔬菜、水果等园艺产品的易腐性客观上要求高效便捷的流通体系。国外园艺产品流通渠道短、中间所经过环节少，各种产销直挂模式常见，流通效率高，成本低。在美国，约有 78.5%的农产品实行产销直挂，直接连接产地和连锁超市、餐饮等农产品需求量大的需求方。其他的 21.5%虽然经过了中间运销商，但一般所经历的流通环节也只有三个。反观我国，园艺产品从田间生产到消费者餐桌的整个流通过程中依次需要经过中间商或经纪人的田间地头收购、产地批发、长途运输、销地批发、销地零售等多个环节，各个环节层层加价，致使流通成本较高，零售价格居高不下。根据课题组对海南青椒到北京和长阳萝卜到广州的跟踪调查：从海口

---

* 1 斤＝500g。

到北京（采用 35t 运货车），每斤青椒需分摊经纪人中介费 0.04 元；将青椒运往冷库的短途运费平均约为 0.02 元/斤；装卸搬运费、包装、分级费、预冷费共计需 0.1544 元/斤；收购商人工成本为 0.0281 元/斤；批发市场收取的费用折合为 0.0083 元/斤；资金成本为 0.0062 元/斤；运输费用为 0.30 元/斤；损耗费折合 0.1031 元/斤；共计 0.6601 元/斤。每斤长阳萝卜到广州需摊付短途运费约为 0.03 元/斤；在冷库加工处理时需清洗、包装、装卸、预冷，费用约为 0.10 元/斤；人工成本为 0.0188 元/斤；批发市场缴纳费用为 0.0183 元/斤；资金成本为 0.0014 元/斤；运费约为 0.2133 元/斤；损耗费折合 0.0047 元/斤，共计 0.3865 元/斤。也就是说从海口到北京，每斤青椒成本价格将上涨 0.66 元，从长阳到广州，每斤萝卜成本价格将上涨约 0.39 元，在油价上涨时，这一费用还将进一步上涨。水果的情况也类似，通过调查发现，以脐橙从江西赣州产地至北京新发地市场为例，每千克的运销成本大致在 0.25～0.3 元，而脐橙的产地批发价格大约为 3 元/kg，仅运输成本一项即造成脐橙批发市场价格上涨约 10%。大多园艺产品属于低附加值的初级农产品，由于其本身价值较低，对运费的承受力有限。流通过程中的许多成本都是刚性支出，随着汽油、柴油价格的持续上涨，以及流通各个环节上的各种税费和劳动力成本的不断上升，我国园艺流通的高成本及高价格还将继续保持。较高的流通成本制约了我国园艺产业流通的发展。

零售环节是园艺产品流通各个环节中加价幅度最大的环节，造成这种结果的主要原因在于零售环节规模狭小，而需要摊销的人工成本等刚性费用太大。根据中国蔬菜流通协会在北京的调查，农贸市场经营户每天工作时间长达十几个小时，每天的销售额在 700～1000 元。根据北京市人力资源和社会保障局、北京市统计局联合发布的数据，2011 年度全市职工月平均工资为 4672 元，平均日工资额为 155 元（按劳动法口径应为 214.8 元），如果蔬菜经营户按北京市平均工资标准作为收入预期，那么夫妻俩每天预期收入 310 元（按劳动法口径应为 429.6 元），再加上摊位费、市内运费、商品损耗及削价处理等费用，每天必须有 350 元左右的刚性费用要加价在这 700～1000 元的菜价里，加价幅度一般都要超过 40%。

（四）质量安全隐患仍然存在

1. 生产中大量施用农药、化肥的现象仍然普遍

在我国园艺产品生产过程中，不当施用农药、化肥的情况比较普遍，主要表现

在两个方面：一是农药、化肥施用量大。出于对高额收益的追求，为了增加产量，在生产过程中，大量地施用化肥、农药成为一种普遍现象，化肥、农药投入和成本大幅度增加。2011 年，我国大中城市蔬菜生产每亩投入的化肥、农药成本分别为108.63 元和283.82 元；苹果生产每亩投入的化肥、农药成本分别为520.23 元和270.48元；橘生产每亩投入的化肥、农药成本分别为435.18 元和388.32 元。而 2003 年我国大中城市蔬菜生产投入的化肥、农药成本分别为 137.73 元和 65.64 元（图3.8），苹果生产每亩投入的化肥、农药成本分别为 128.55 元和 123.73 元（图3.9）；橘生产每亩投入的化肥、农药成本分别为 248.64 元和 214.96 元（图3.10）。2011 年大中城市蔬菜生产投入的化肥、农药成本比 2003 年分别增长 65.5%和 113.3%，二者之和占蔬菜生产每亩投入物质与服务费用的 30.25%，比 2003 年的 26.7%增加 3.55 个百分点。表明无论是农药、化肥投入的金额还是农药、化肥投入在物质与服务费用中所占的比例均有所上升。二是农药产品结构不合理、剂型不配套。据统计，我国农药产品组成为：杀虫剂占 72%、杀菌剂占 11%、除草剂占 15%、其他占 2%。不当施用农药、化肥不仅对当期园艺产品的质量安全产生影响，而且对园艺产品生产的自然环境造成污染，影响蔬菜产业的可持续发展。

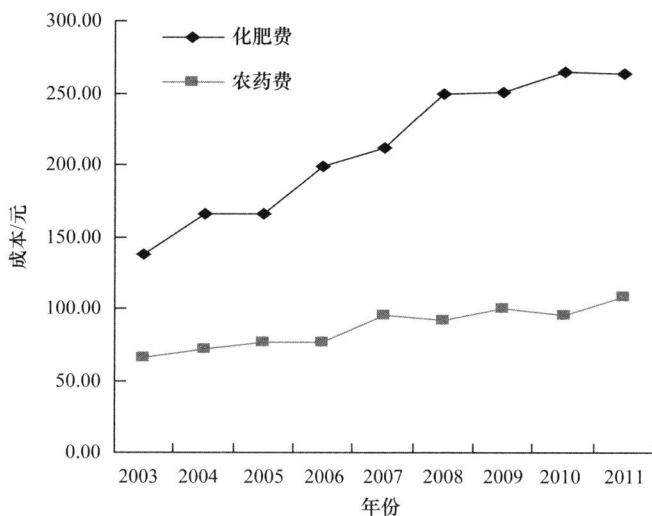

图 3.8　我国大中城市蔬菜生产投入的化肥、农药成本

资料来源：各年《全国农产品成本收益资料汇编》

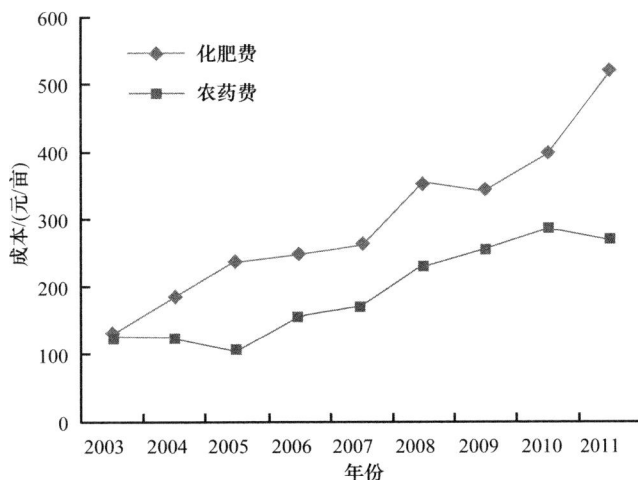

图 3.9 我国每亩苹果生产所投入的化肥、农药成本
资料来源：各年《全国农产品成本收益资料汇编》

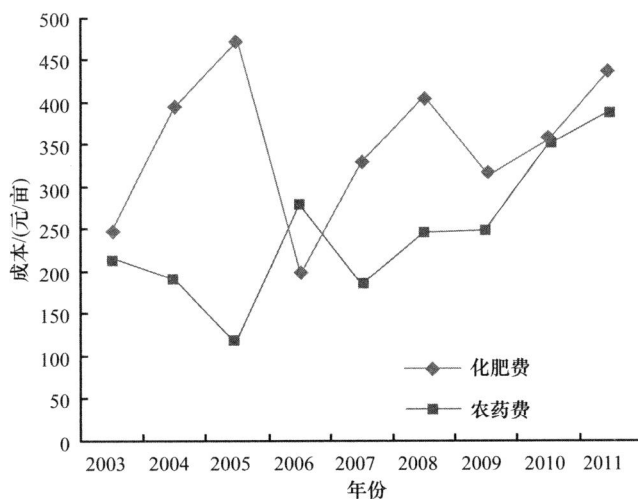

图 3.10 我国每亩橘生产所投入的化肥、农药成本
资料来源：各年《全国农产品成本收益资料汇编》

2. 园艺产品加工品质量安全问题仍然存在

据中国标准化研究院的资料，2012 年蔬菜制品产品在 22 个省份采到样品，实际采样 804 批次，采集样品涉及多家生产企业和流通领域，其中在生产企业采样 623 个（成品库 582 个，待检区 35 个，半成品库 2 个，生产线 2 个，原辅料库 2 个），超市和商店采样 176 个，其他采样地点 5 个。在 804 批次中，检出问题样品 41 批次，

问题样品检出率为 5.1%。检测工作发现蔬菜制品存在的主要问题是超限量使用防腐剂和甜味剂。分析原因是蔬菜制品含水量大，容易受周围微生物的污染，有些企业就通过增加蔬菜制品的盐分和加大防腐剂的用量来防止蔬菜制品变质，增加了盐分后为了避免过咸而又增加糖精钠、安赛蜜、甜蜜素等甜味剂的用量，使蔬菜制品在防腐剂和甜味剂的使用上普遍存在安全质量问题。

3. 出口产品因质量安全问题频遭退货

根据海关信息网（www.haiguan.info）的资料：我国对美蔬菜出口被退扣批次近两年呈上升趋势。2008～2011 年我国对美国蔬菜出口被退、扣批次稳定在 110～140 批次。2012 年被退扣批次大幅上升为 203 批次。2013 年我国对美蔬菜出口遭受扣留和拒绝进口达到 239 批次，比 2012 年增加 36 批次（图 3.11）。

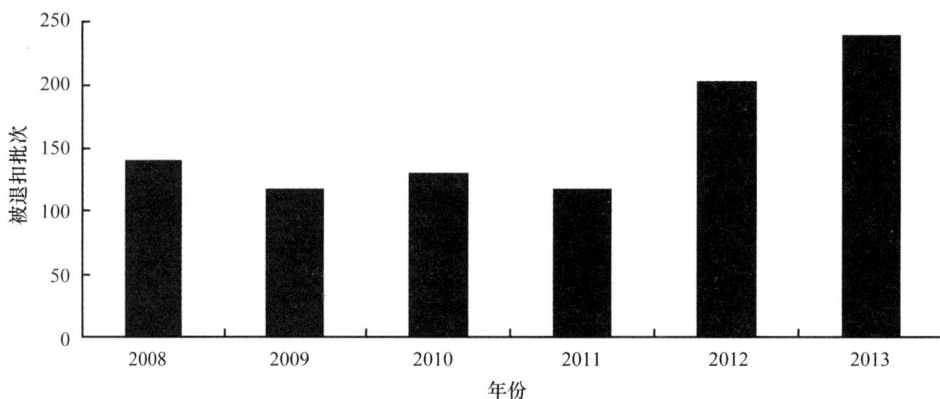

图 3.11　我国对美蔬菜出口被退扣批次统计
资料来源：海关信息网（www.haiguan.info）

我国对美国蔬菜出口被退扣的原因包括产品含有化学杀虫剂、产品含有脏和腐烂物质、不适合食用、企业未按规定注册或标识等。2013 年因产品含有化学杀虫剂而遭美国食品药品监督管理局（FDA）扣留的批次达到 71 批，占被扣留总批次的29.71%。2008～2013 年，由于蔬菜出口管理逐渐规范，因注册、信息及标签等而遭FDA 扣留的比例呈下降趋势，因农药残留而遭美国 FDA 扣留的比例则呈明显上升的趋势。2009 年因注册、信息及标签等而被扣留的批次占被扣留总批次的 42.735%，2013 年下降到 20.084%；2008 年因产品含有化学杀虫剂而遭美国 FDA 扣留的批次占被扣留总批次的 7.857%，2013 年这一比例上升到 29.707%（图 3.12）。

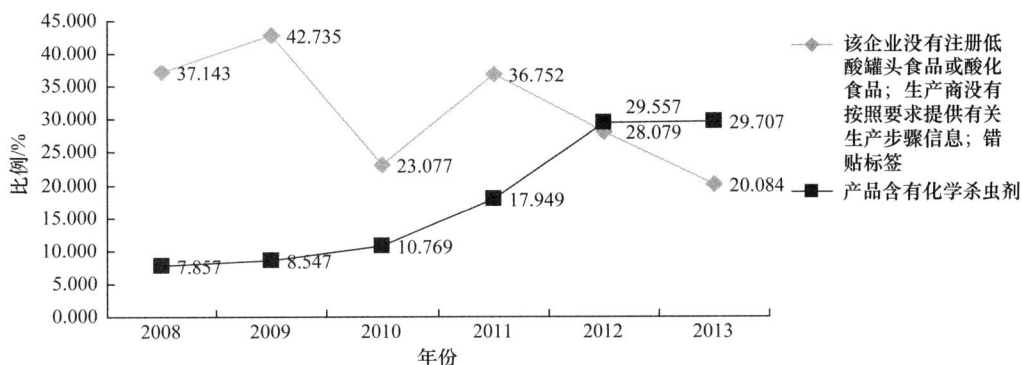

图 3.12　2008～2013 年我国对美蔬菜出口遭 FDA 扣留两大原因变化趋势
资料来源：海关信息网（www.haiguan.info）

4. 质量安全监管体系不健全

历经 20 年的努力，我国在农产品质量安全监管体系的建设方面不断推进，在法律法规体系的完善、标准制修订、检测检验及认证体系建设方面取得了较大的成效，但我国蔬菜质量安全监管体系仍不健全，主要表现在以下几个方面：一是管理主体多头交叉、职责分工不明确。一直以来，我国蔬菜实行以"分段监管为主、品种监管为辅"为主要特点的分段式监管体制，涉及农业、工商、质监、卫生、环保等多个部门，生产环节主要由农业部门负责监管；质检部门负责监管生产加工；流通环节主要由工商部门负责监管；食堂及餐饮业等消费环节由食品药品监管部门负责监管；卫生部门则负责食品安全的综合监督，并依法查处重大食品安全事故。各部门都有相应的工作职能和行业法规，并以此为依据各自进行农产品的管理与检测，执法标准不一，导致执行不公、部门协调难度大，使得实际监管中常常存在着重复检测、重复惩罚的现象，严重影响了消费者对蔬菜质量安全的信心。虽然 2013 年成立了国家食品药品监督管理总局，开始整合农产品质量安全的各个监管主体，但真正实施起来仍需要一个过程。二是检测技术落后。在农药残留检测方面，中国尚未研发出能够同时测定上百种农药残留的分析技术；在环境污染物检测方面，中国尚缺乏有效、快速的检测方法、技术和设备。一些已为国际公认并广为应用的先进管理技术，如危害分析关键控制点体系（HACCP）、危险性评估原则等总体水平还不高。三是质量安全认证体系缺乏统一性、完整性和认同度。我国已初步建立了以无公害农产品认证为重点，以绿色农产品认证为先导，以有机农产品认证为补充的"三位一体、整体推进"的农产品质量认证体系，但由于认证标准缺乏统一性、公正性，认证体系缺乏完整性，认证知识普及差，以及广大消费者对认证结果不认可，导致总体上我国农产品产品认证能力不能满足日益增长的市场需求，认证率低，一方面有大量的产品通过了相关的认证；另一方面消费者对通过认证的产品心存疑惑。

5. 农户缺乏"绿色、安全、健康"的生产理念

我国从事园艺生产的多为兼业农民，其受教育程度较低，学习相关科技知识的能力不强，因此其生产行为在很大程度上受到种植习惯的影响。"绿色、安全、健康"的生产理念作为一种新的理念，农民接受还需要一个较长的过程。根据江西省信丰县安西镇某柑橘合作社介绍，该合作社果农何某经营柑橘果园共计300余亩，种植脐橙、蜜橘等三种柑橘类水果。受种植习惯和市场导向影响，十几年来，园内果树品种从未更新，自2010年以来该果园受到柑橘黄龙病严重影响，2013年，被迫砍伐几千株的果树。这次毁灭性的打击让何某吸取了教训，在重建果园时，她改变了原先固化的生产理念，更加重视生产安全问题。另外，由于相较于普通园艺产品生产而言，绿色园艺产品生产投入更多、产量较低、风险更大，而由于农产品质量具有内隐性，消费者难以从外观上判断其内在质量，因此安全、绿色的农产品难以真正地实现优质优价，导致了相对于普通产品而言，绿色农产品生产的收益更低。在调查中我们发现，"三证"（无公害、绿色、有机）蔬菜种植投入的成本超过普通蔬菜，而产量只有普通蔬菜的70%～80%。且在销售时很难提高价格，因此很多生产绿色安全蔬菜的农户、企业经营困难。另外，关于"绿色、安全、健康"的生产理念的宣传和引导工作不细致、不到位，对生产经营过程中的"不安全"行为的监管缺失和惩处不力，也在一定程度上滋长了农户的投机心理，从源头上加剧了园艺产品生产的安全隐患。

（五）科技支撑力弱

1. 蔬菜种子市场遭遇国外种子的挑战

种子是园艺产业核心竞争力的根源所在，蔬菜种子市场正遭遇国外种子的挑战。据《经济参考报》2009年12月25日报道，国产的茄、辣椒、番茄等看家品种基本上已经被挤出了市场。在我国蔬菜最重要的产区寿光，国外品种在寿光种子市场占有率，长茄在90%以上，番茄60%以上，辣椒60%以上，彩椒近100%，并且大葱、

胡萝卜、苦瓜、菠菜品种的市场占有率呈快速上升势头。国产蔬菜种子市场占有率不断下降，只有密刺黄瓜、芸豆、苦瓜等种植规模较小的品种占有一定市场份额（王春雨等，2009）。

黄山松等（2014）的研究显示：2012 年我国蔬菜种子年用量为 4 万～5 万 t，"洋种子"消费量（含进口种子和外资公司在国内繁育销售部分）为 1 万 t 左右，占蔬菜种子市场总量的 20%～25%，部分高端蔬菜洋种子甚至占 40%～50%的市场份额；由于"洋种子"主要控制着高端蔬菜种子市场，因此外资企业以 20%左右的市场份额占据着 50%左右的厂商环节利润。

农业部农技推广总站的张真和研究发现：2012 年，全国进口蔬菜瓜果类种子为 10 356.24t，可播种面积为 2362.96 万亩，而同年我国蔬菜瓜果类播种总面积为 34 083.95 万亩，进口种子可播种面积占实际播种面积的 6.93%，在部分年份这一比例曾达到 9.1%，因此认为全国进口种子可播种面积占全国蔬菜和瓜果类播种面积的 6.9%～9.1%。不同蔬菜品种进口种子可播种面积占实际播种面积的比例各不相同，花椰菜、蕹菜、青菜、苋菜、结球甘蓝、莴苣、芹菜、大白菜等比例较高，其中 2012 年蕹菜、青菜、花椰菜进口种子可播种面积占实际播种面积的比例最高，分别为 44.58%、30.23%和 24.99%。在部分年份个别品种这一比例甚至高达 50%以上。

2. 轻简化生产技术需求迫切、进展缓慢

园艺产业是典型的劳动密集型产业，在生产中需要投入大量的劳动力。近些年来，蔬菜、水果生产人工成本的上涨速度较快。2001 年，蔬菜种植每亩投入的人工成本为 473.23 元，占蔬菜投入总成本的 37%，到 2010 年蔬菜种植每亩投入的人工成本已高达 1334.38 元，超过物质与服务费用而成为蔬菜生产最重要的成本组成部分，占蔬菜生产总成本的 49.4%（图 3.13）。在一些蔬菜主产区，蔬菜劳动日工价达到每天 100～120 元，劳动强度较大的工种如高山蔬菜种植地区的背菜日工价甚至高达每天 300 元。人工成本的快速增长给我国蔬菜产业的发展带来了严重的挑战，菜农在蔬菜种植中劳动量投入的减少非常明显，亩均投入劳动的天数已由 21 世纪初的 50 天左右减少到 2010 年的 38 天左右，表明随着劳动力成本的提高，蔬菜劳动投入机会成本不断提高，菜农经营蔬菜的积极性有所下降。水果产业的发展同样受到了生产人工成本上涨的冲击，图 3.14 显示了 1991～2012 年苹果生产各类成本变化的情况。横向来看，物质费用和人工成本为苹果生产的主要成本构成。2004 年以前，

物质费用在苹果生产总成本中所占比例最大；2004 年以后，人工成本的比例逐渐上升，已成为影响苹果生产重要的成本构成；纵向来看，2006 年以前，苹果生产的物质费用和人工成本投入较为稳定，但 2006 年以后，物质费用和人工成本投入增长速度迅速加快，成为推动苹果生产总成本上涨的关键因素。图 3.15 显示近几年来柑橘生产各类成本变化情况和苹果类似，物质费用和人工成本为柑橘生产成本最为重要的影响因素，土地成本在柑橘生产成本中所占比例较低。由于劳动力成本的过快上

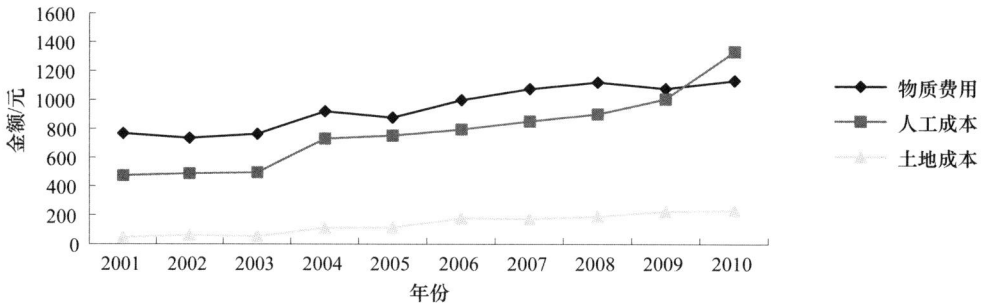

图 3.13　我国蔬菜生产各类成本变化曲线图
资料来源：2005～2011 年的《全国农产品成本收益资料汇编》

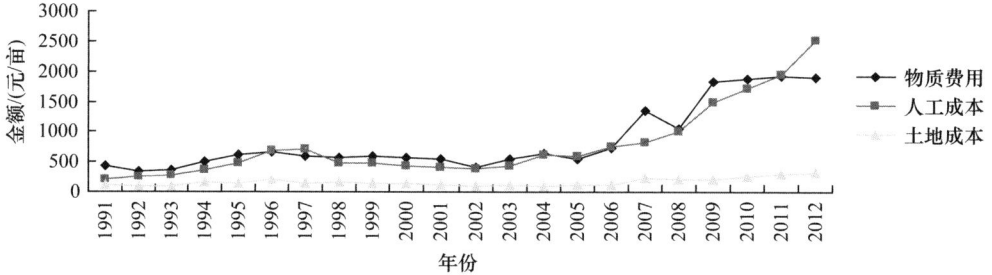

图 3.14　苹果生产各类成本变化曲线
资料来源：《全国农产品成本收益资料汇编 2005～2013》

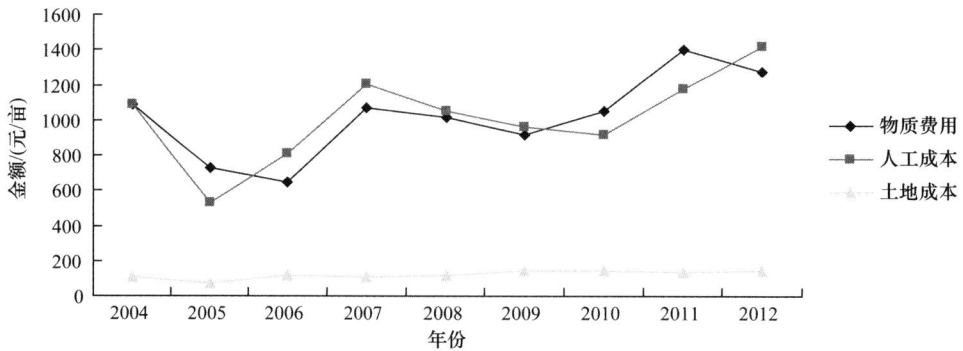

图 3.15　柑橘生产各类成本变化曲线
资料来源：2005～2013 年的《全国农产品成本收益资料汇编》

涨，东南沿海的浙江、福建及广东等传统主产区，水果业退缩现象明显。可以预见在未来的一段时间里，我国园艺产品生产的劳动力成本还会进一步上升，挤压园艺产品生产的利润，影响园艺产业的可持续发展。因此发展轻简化生产技术势在必行。

但是从我国园艺产品轻简化生产发展的实际情况看：目前我国园艺生产机械化水平和生产装备水平还比较差。全国蔬菜生产综合机械化率约为20%，仅是同期大田作物的 1/4～1/3。在耕整地、直播、育苗、移栽、田间管理和收获等蔬菜生产过程中，耕整地环节机械化率最高，但多采用常规大田耕作机具，作业效率和作业质量还不高。因受种子丸粒化、排种精度等关键技术的制约，蔬菜精量直播机械化还处于起步阶段。采用全套装备进行蔬菜育苗的尚少见，蔬菜移栽仍以半自动移栽机为主，取苗需人工操作。在蔬菜田间管理中，灌水和施药基本实现了机械化，也发展了一些水肥一体化灌溉与施肥设备，但植株调整机械化水平很低，除一些加工果菜和根菜类蔬菜部分实行机械收获外，大部分尚未实现机械化。此外，设施园艺生产中的设施简陋、环境调控装备差也严重制约了园艺作物的生产。

3. 技术推广体系薄弱

我国农业技术推广体系十分薄弱，农技推广人才队伍面临着老龄化、学历低、素质不高等问题。据农业部相关统计：到 2010 年年底，我国共有农技推广人才 78万人，平均每 500 个农民中不到一名农技人员，在农技人员中，具有高级职称的仅占 8.7%，本科以上学历的仅为 24.3%。由于基层条件艰苦、待遇较差，农技人员往往不愿意下到基层，更难以长久地留在基层，导致我国农业技术推广体系存在着比较严重的"最后一公里"难题。由于国家对园艺产业的重视程度明显不如粮食作物，园艺科技人员工作条件艰苦、生活待遇差，队伍薄弱和"最后一公里"题难在园艺产业中表现尤为突出。据调查，某省作为全国蔬菜大省，蔬菜产值超过 1000 亿元，但包括蔬菜产业经济科研人员在内的现有县级以上蔬菜研发人员共计只有 207 人。其中具有正高级职称的科技人员 27 人，副高级 59 人，初级、中级 90 人，其他 31人；按工作性质统计，主要从事科研与推广人员 184 人，从事教学人员 23 人。据调查显示，在地、县一级的园艺研究机构，通过人才引进计划引入的园艺科技人员，一年内的离职率高达 75%。

四、我国园艺产业可持续发展的关键制约因素

（一）劳动力资源的制约

1. 农村人力资本缺乏

园艺产业属于典型的劳动密集型农业，对劳动力资源的要求较高。虽然我国农村地区劳动力数量丰富，但多数从业者年龄偏大，教育水平不高，且呈现出较大的地区间差异。第 2 次全国农业普查数据显示：我国农村劳动力教育水平在初中及以下的几乎达到 90%，另外，我国农村劳动力很少有接受职业技术和培训等方面教育的机会，加上近年来高等教育的高昂成本及高校毕业生巨大的就业压力，使得许多农村青年求学意愿大减。

2. 园艺产业对从业人员要求相对较高

现代园艺产业发展需要具备一定科学文化素质和管理能力的从业人员，需要劳动者具备将先进的科学技术转化成现实生产力的能力。尤其是当前设施园艺的发展对从业人员提出了更高的要求。从现阶段园艺产业从业农民的实际情况看，以下状况和行为严重制约了产业发展：技术素质较低，商品质量意识淡薄；栽培管理水平低，有相当一部分农民对最基本的栽培技术都没有很好掌握；在生产中不舍得加大投入，重栽培、轻管理，重数量、轻质量，轻视产品安全，滥施禁用农药。园艺产业对从业人员要求较高主要缘于两个方面的原因：一方面作为一种受控农业，园艺产业受管理技术的影响程度比自然农业大得多；另一方面由于园艺产业是我国市场化程度最高的农业产业之一，因此市场风险相对较大，相对于大宗农产品生产经营而言，园艺产品生产者要求具有更高的分析市场能力。当前我们的设施园艺与发达国家的差距，主要就在于科技水平的差距，归根结底是人才素质的差距，从业人员的素质直接关系着设施园艺的质量及园艺产业现代化的实现（李圣超，2008）。

3. 大量优质农村劳动力流出导致农村劳动力资源更加匮乏

随着我国工业化与城市化进程的加快，城市劳动报酬率不断提高，城乡收入差

距日益扩大，劳动力在农村从事农业生产的收入水平远远低于进城务工的工资报酬，在经济利益的驱使下，大量的农村劳动力尤其是受教育程度相对较高的青壮年劳动力涌入城市，导致农村的青壮年劳动力尤其是男性劳动力大大减少，留在农村的往往是妇女、老人及儿童等劳动能力较弱的群体，这就是所谓的"三八""九九""六一"现象。由于园艺产品生产对劳动力的要求相对较高，因此高素质农村劳动力的流出对园艺产业的影响极大。

劳动力是经济增长中最为活跃的要素，也是农业经济的主体。一定数量、质量的劳动力队伍是保证农业经济发展的必要条件。劳动力资源素质低下及过度流出，将直接导致园艺产品生产成本的飙升，而由于替代劳动力的园艺产业轻简化生产技术进展缓慢，这将对我国园艺产业的可持续发展产生巨大的冲击。

（二）土地资源的制约

1. 土地资源禀赋的先天性制约

我国土地资源虽然总量较大，但相对量小，土地质量不高。我国国土总面积约为960万 km^2，居世界第三位，但从人均占有土地面积考量，我国人均土地面积只有世界平均水平的 30%。我国土地资源类型丰富多样，地形复杂，山地约占土地总面积的33%，高原约占 26%，盆地约占 19%，平原约占 12%，丘陵约占 10%。地势高、气温低、不太适宜园艺作物生长的山地，特别是海拔 3000m 以上的高山、高原占我国土地总面积的25%。近20%的国土总面积是人类无法利用的沙质荒漠、戈壁、寒漠、永久积雪、冰川及岩石裸露的山地等。

土地的后备资源潜力不大。由于我国垦殖历史悠久，质量好的土地后备资源已为数不多，估计今后可供开垦的宜农荒地为 3500 万 hm^2；并且由于受到水利、耕作技术等限制，开垦的投入是巨大的（范小玉，1997）。

2. 现有的土地资源面临着各方面的侵蚀

在土地资源先天不足的情况下，既有的耕地资源还面临着各方面的侵蚀，主要来自于自然因素及社会发展因素两个方面。一是沙漠化、水土流失等自然因素。全国荒漠化和沙化监测（2004 年）显示，全国荒漠化面积约为 2.64 亿 hm^2，沙化面积约为 1.74 亿 hm^2。二是社会发展对土地资源的侵蚀。在我国城镇化发展进程中，城市面积不断扩大，交通基础设施建设越来越完善，城市建设用地的大幅度增加侵占了大量的耕地。2000 年以来，我国每年建设用地都在 300 万 hm^2 以上。根据约翰·杜能的"孤立国"模型，包括果蔬在内的园艺产品生产圈处于城市核心之外的第一层，也就是说，城市扩张用地中首先被占用的是园艺产品等经济作物的种植用地。

3. 园艺产业发展面临与粮争地的矛盾

我国现有的耕地资源，既要解决 13 亿人口吃饭穿衣问题，又要发展园艺等相对高附加值的产品，统筹发展难度非常大。由于粮食事关国家稳定，在我国农业发展过程中，维护国家粮食安全一直是农业面临的第一要务，所有的农业产业发展，都要以"不与粮食争地"为前提（江娜，2010）。纵观我国近 20 年来园艺产业的发展，科技进步固然起到了非常关键的作用，规模扩张也是一个非常重要的因素。相对于粮、棉、油等大宗农产品而言，园艺产业生产的经济效率更高，但在有限的土地资源约束下，作为"用地大户"的园艺产业与粮争地的矛盾将更加突出，依靠扩张种植规模的发展模式将不可持续。因此，在耕地资源有限甚至是在缩减的状况下，园艺产品与粮食争地问题会逐渐显现并成为一个突出问题，而耕地资源则是制约园艺产业进一步发展的一个重要因素。

（三）水资源的制约

1. 水资源贫乏，时空分布不均衡

淡水资源是农产品生产必需的基本资源，虽然我国淡水资源总量仅低于巴西、俄罗斯、加拿大、美国和印度尼西亚，位居世界第六位，但一旦除以庞大的人口基数，我国淡水资源贫乏的问题就立刻显现出来。据统计，我国人均淡水资源占有量为 $2500m^3$，仅为世界人均淡水资源占有量的 1/4 左右，在世界排名 127 位，是世界 13 个贫水国之一。

淡水资源在时空分布上的不平衡进一步加剧了我国淡水资源的紧缺程度。首先是我国淡水资源在时间分布上的不平衡，园艺作物在生长过程中，在某些阶段对淡水资源的需求可能会更加迫切，而在这一特定的时间阶段，我国的淡水资源供应并不一定很充裕；在园艺作物生长对淡水资源要求不高的阶段，淡水资源供应或许相对充裕。而且我国农业生产过程中真正风调雨顺的年份其实较少，较大规模的旱灾与洪灾时有

发生。其次是我国淡水资源在空间分布上的不均衡，我国西部地广人稀，具有较多的发展园艺产业所需要的土地资源，但淡水资源相对缺乏；东部耕地面积较少，土地资源缺乏，而淡水资源却相对丰富。统计数据显示：我国长江及其以南地区仅拥有全国36%的土地，但拥有81%的淡水资源，淮河及其以北地区拥有全国64%的土地资源，但只拥有全国19%的淡水资源。

2. 水资源质量不高

由于人们在经济发展初期保护水资源的意识不强及污水处理需要支付较高的成本，大量的工业废水和生活废水未经任何处理就被直接排放，加上近20年来在农业生产中对农药和化肥的大量施用，导致我国水环境不断恶化，水资源质量持续下降。据《2012中国环境状况公报》显示：2012年，长江、黄河、淮河、珠江、辽河、海河、松花江、浙闽片河流、西北诸河和西南诸河等十大流域的国控断面中，Ⅰ～Ⅲ类水质的断面占68.9%，Ⅳ～Ⅴ类水质的断面占20.9%，劣Ⅴ类水质的断面占10.2%。各个流域水质状况各不相同，水质优的流域有珠江流域、西南诸河和西北诸河，水质良好的有长江和浙闽片河流，轻度污染的有黄河、松花江、淮河和辽河，海河处于中度污染状态。在《2012中国环境状况公报》监测的湖泊（水库）中，25%处于富营养化状态。其中轻度和中度富营养状态的湖泊(水库)占比分别为18.3%和6.7%。而在198个城市4929个地下水监测点位中，处于优、良好和较好水质状态的监测点占比为42.7%，而较差和极差水质占比为57.3%。水资源质量下降必然导致园艺产品生产质量下降，增加生产优质园艺产品的难度和成本。

3. 水资源利用效率低

我国是一个淡水资源严重缺乏的国家，人均实际可再生水资源总量在逐年下降。农业用水占总用水量比例超过10%，为最大的淡水资源需求行业。目前我国农业用水基本处于一种免费状态，农民生产过程中水资源浪费现象严重，利用效率较低，新型节水灌溉技术推广使用的范围不宽，效果有限，2006年配备完全控制局部灌溉设施的面积仅为754 900hm²，占灌溉总面积的1.21%（表4.1）。中国社会科学院农村发展研究所研究员张晓山指出，农业灌溉用水有效利用系数仅为0.52，比发达国家约低20个百分点。

表 4.1　我国淡水资源及淡水利用状况

年份	人均实际可再生水资源总量/[m³/（人·a）]	农业取水量占实际可再生水资源总量的比例/%	配备完全控制局部灌溉设施的面积（滴灌、喷灌或微喷灌、涌泉灌）/1000hm²	配备完全控制灌溉设施的总面积（地面灌溉、喷灌和局部灌溉面积总和）/1000hm²
1978～1982	2 802（1982）	13.77（1982）	—	49 083（1982）
1983～1987	2 595（1987）	14.62（1987）	—	48 961（1983）
1988～1992	2 410（1992）	14.61（1992）	—	50 026（1992）
1993～1997	2 287（1997）	14.36（1997）	—	50 991（1995）
1998～2002	2 196（2002）	—	—	—
2003～2007	2 125（2007）	12.61（2007）	754.9（2006）	62 559（2006）
2008～2012	2 112（2008）	—	—	—

数据来源：联合国粮农组织水资源信息数据库（AQUASTAT）

"—"表示无数据

4. 园艺作物需水量大

园艺作物的生物学特性决定了园艺作物在生长周期内需要大量的水资源，相关资料显示，蔬菜 90%～95%的成分是水，水果中水分也在 75%以上。园艺作物对水的需求几乎贯穿于整个生长周期，因此灌溉和排水是园艺作物生产的重要环节之一。由于淡水资源供应逐渐减少，提高了园艺作物灌溉对节水技术的要求。虽然新型节水灌溉技术在园艺产业中的应用普及度略高于粮食作物，滴灌技术在我国蔬菜、花卉、水果、药材、林木等的种植上应用广泛，微喷灌技术在园林、运动场、花卉和果树种植上使用较多，但相比园艺产业发达国家仍有相当大的差距。

水资源已经成为我国园艺产业发展的重要制约因素之一，甚至因为出口蔬菜相当于出口水资源而出现过对蔬菜出口是否经济的质疑，因此对于我们这个水资源缺乏的园艺产品生产和消费大国来说，节水灌溉是未来园艺产业发展的技术方向。

（四）加工能力的制约

园艺产业生产出的产品属于典型的鲜活农产品，产品收获后如果不能迅速消费或加工处理就会腐败变质，因此事实上加工可以被看作园艺产品的蓄水池，对产业的健康发展起着重要的调节作用。一方面加工业的发展能够增加人们对园艺产品的需求，提高园艺产品的附加值，增加相关主体发展产业的积极性；另一方面通过加工可以延长园艺产品的保鲜保质期，调节园艺产品供给和需求在时空上的不平衡，保证园艺产业的健康持续发展。但我国园艺产品加工业发展严重滞后，加工能力严重不足，成为影响我国园艺产业可持续发展的又一重要因素。

园艺产品采后处理包括收获、分级、清洗加工、包装、预冷、贮藏、运输等环节。近年来，我国在园艺产品加工增值方面取得了一些成绩，开发了出口脱水蔬菜和精加工制品，增加了出口品种，但由于我国园艺产品生产和加工企业大多规模小，生产条件、技术、基础设施和管理等水平差，信息不灵，组织化程度低，小规模分散经营，阻碍了技术改进和管理水平的提高。相对于国外而言，我国园艺产业加工业发展显得较为滞后。我国果蔬以鲜销为主，产后加工所占分量较少，加工层次较低。2005～2011 年，在蔬菜食品消费中鲜菜消费大约占了 90%，加工蔬菜消费大约占了 10%；水果加工率同样较低，为 5%～10%（表 4.2），低于世界平均水平，而发达国家水果加工率一般在 50% 以上；食用菌产品主要以鲜销（如侧耳属类、金针菇等）、干制（如木耳、香菇等）、腌制（如双孢蘑菇等）、速冻等初级加工方式为主，产业链纵深延伸不足，在可以延伸链条的精深加工领域中产品过少，特别是许多具有特殊保健功能的食用菌加工开发程度明显不足。相关学者的研究也显示我国果品商品化处理量约为 20%，果品加工转化能力约为 15%；蔬菜加工转化能力约为 10%。果品贮藏保鲜能力只占总量的 20%，其中冷藏库和气调库贮藏占总量的 6.5%。国内蔬菜使用的运输车辆大部分都是没有冷源的汽车或者火车，主要是普通汽车、货车加冰运输，真正冷藏车只占 10%。

表 4.2　我国水果加工率

年份	水果加工率/%	
	中国	世界
1978	1.87	18.98
1988	3.83	13.67
1998	7.65	10.88
2008	6.06	9.08
2009	5.67	8.70

资料来源：联合国粮农组织数据库（FAOSTAT）数据库计算整理，水果数据不包括葡萄酒

（五）环境压力的制约

1. "白色污染" 问题突出

园艺产业已经成为一个四季产业，塑料制品保温技术的发展在其中发挥了巨大

作用。该技术的推广大大提高了农业生产率和经济效益，缓解了果蔬产品供应的淡旺季供需矛盾。但塑料制品的大量使用导致"白色污染"日益严重。一些用于保温控温的覆盖材料在使用后，被废弃在田间地头，成为农业"白色污染"的重要来源。园艺产业生产中常见的保温控温的覆盖材料，主要有棚膜（含温室棚膜、大棚膜、小拱棚膜）和地膜。其中棚膜易于收集，回收价格高，所以回收率也高；但地膜厚度一般在 0.01mm 左右，使用后回收价值低且费工费力，多被废弃在田间地头，这些由聚乙烯材料制成的地膜由于自身难于降解又得不到有效的回收处理，在 15～20cm 的土壤层形成不易透水、透气很差的难耕作层，对耕地和农村生产生活环境都造成严重的污染（蒋高明，2007）。据国家统计局统计，我国地膜使用量和覆盖面积在逐年增加，2009 年我国地膜使用量将近 112 万 t，地膜覆盖面积超过 1550 万 hm²，比 2008 年分别增加 2.01%和 1.26%。据了解，我国每年约有 50 万 t 农膜残留在土壤中，残膜率达到 40%。据搜狐新闻报道，在山东部分长期使用地膜的土地中，地膜残留量一般在每亩 4kg 以上，最高的已经达到 11kg，并且残留地膜可在土壤中存留 200～400 年。

2. 化学污染危害严重

农药是园艺产品生产中的一个主要污染物，农药污染会对大气、水体、土壤和生态系统都造成一定程度的破坏。2009 年我国农药使用量接近 171 万 t，比 2008 年增加 2.20%。蔬菜、果树都是使用农药较多的作物。在园艺产品生产中，虫害难以防控的品种其农药污染都比较严重，白菜类（小白菜、青菜、鸡毛菜）、韭菜、黄瓜、甘蓝、花椰菜、菜豆、苋菜、番茄等都属受污染较严重的蔬菜类别。2010 年 4 月初，山东青岛就连续发生几起食用韭菜中毒事件，工商行政管理局最终查获并销毁了 1950kg 农药残留超标韭菜。

园艺产品生产的另一种重要污染来自化肥。园艺作物生长对肥料的需求量远大于普通作物，需要持续周期性地补充肥料。但如果超量施用无机肥，如尿素等氮肥，肥料在作物体内未转化成营养成分，反而以硝酸盐、亚硝酸盐形式存在，既污染了地下水和地表水，又对作物和人体产生毒害。中国是化肥生产大国和施用大国，2009 年我国化肥施用量达到 5404.4 万 t，比 2008 年增长 3.16%，其中以氮肥为主，施用量为 2329.9 万 t，比 2008 年增长 1.17%。此外，磷肥 797.7 万 t，增长 2.26%；钾肥 564.3 万 t，增长 3.50%；复合肥 1698.7 万 t，增长 5.60%。朱兆良项目组调研显示：

东部地区农民对谷物过量施肥和施药达 10%~30%，对蔬菜的过量施肥可达到 50% 甚至更高，使蔬菜种植区地下水的硝酸盐污染明显增加，山东寿光地下水污染超标率达 60%。与化肥施用过量相比，当前人畜粪便等有机肥利用率低，且得不到合理处置，进一步加剧了农村的环境污染（朱兆良等，2006）。再加上农村生活垃圾和由城市转移到农村的大量生活垃圾，使得农地进一步被污染，在调查中我们发现很多蔬菜产区土地板结严重、地力严重下降。据搜狐新闻报道，近年来蔬菜主产区山东土壤酸化速度加快，胶东地区尤为突出，pH 小于 5.5 的酸化土壤面积已达 980 多万亩。全省 1300 万亩设施菜地中，有 260 万亩发生了次生盐渍化。

环境污染一方面造成了生产的园艺产品质量安全水平下降，另一方面也使得土地产出能力有所降低，单产下降，更为重要的是，如果发展园艺产业不能很好地处理产业发展和环境污染的关系，产业发展的宏观环境必然会受到较大的影响。因此环境污染成为影响园艺产业可持续发展的一个重要因素。

3. 食用菌产业发展环境压力显现

我国食用菌生产的总体格局是"木腐菌为主、草腐菌为辅"，这就导致了食用菌生产需要消耗大量的林木资源，据统计，我国每年至少有 400 万 m^3 木材被食用菌生产占用，而且由于阔叶树资源紧缺，培植周期长，菌业的迅猛发展致使主产县阔叶林资源锐减，造成很多木腐菌主产区出现林木资源需求与生态环境资源保护间的矛盾。另外，随着人类对食用菌认识的提高，某些具有特殊功能的食用菌或者药用菌需求旺盛，人们对野生的食用菌过量采挖，导致食用菌种质资源的日益匮乏。

（六）经济效益的制约

1. 与其他主产国比较，产业效益较低

虽然相对于粮、棉、油等大宗农产品而言，园艺产品生产效益相对较高，但与其他主产国相比，我国园艺产业经济效益仍然相对偏低。以水果为例，我国是世界水果生产大国，但高产量并不源于高单产水平，而是依靠种植面积的扩大。以柑橘类水果为例，据有关统计，2013 年我国柑橘单产为 857.82kg/亩，与世界平均水平 1000kg/亩还有一定的差距，与美国的单产水平相差更大。此外，我国水果以鲜食为主，加工率和加工层次低，水果整体加工率只有 5%左右，远低于发达国家 50%的

加工率，致使水果产业整体附加值低，高档果汁消费几乎全部依赖进口。可见，无论从单产水平来看或是从产业链层次来看，我国水果产业都处于低水平、低效益状态。

2. 生产流通成本增长较快

首先，园艺产品生产成本大幅度增长。2001 年，我国大中城市蔬菜生产每亩平均成本为 1288.21 元，2003 年，我国大中城市蔬菜生产每亩平均成本为 1311.16 元，3 年仅增长 1.8%，即一直到 2003 年蔬菜生产成本变化幅度都不太明显。但 2003 年以后大中城市蔬菜生产每亩平均成本增长迅速，到 2010 年大中城市蔬菜生产每亩平均成本已高达 2698.52 元，比 2003 年净增 1387.36 元，增加 105.8%（图 4.1）。水果的情况与蔬菜相似，2004～2012 年，我国苹果亩均生产成本从 1340.29 元增加到 4745.37 元，增长 254.1%；柑亩均生产成本从 2287.75 元增加到 2837.53 元，增长 24%；橘亩均生产成本从 1416.37 元增加到 1859.92 元，增长 31%（见图 4.2）。其次，流通成本大幅度增加，流通成本主要取决于流通费用的高低，因此与石油价格息息相关。据统计，2001 年 1 月我国柴油价格指数为 135.92[*]，2012 年 1 月的柴油价格定基指数（以 2000 年 1 月为基期）为 357.91，上涨幅度达 163.32%，柴油价格的上涨直接推动了园艺产品流通费用的增长。另外，需要注意的是，国际技术和非技术贸易壁垒的限制对我国园艺产品的生产成本也产生了一定影响。例如，目前日本"肯定列表制度"对我国食用菌检查费用为每批产品一个品种 2.3 万日元，如果同时检

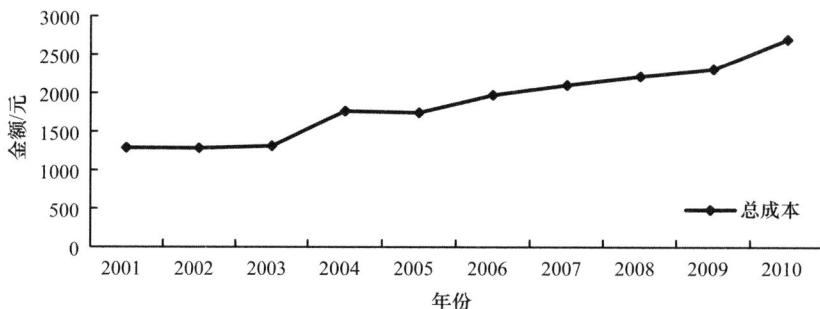

图 4.1　大中城市蔬菜生产成本变化
资料来源：《全国农产品成本收益资料汇编 2005～2013》

---

[*] 数据来源：各期《中国经济统计快报》。

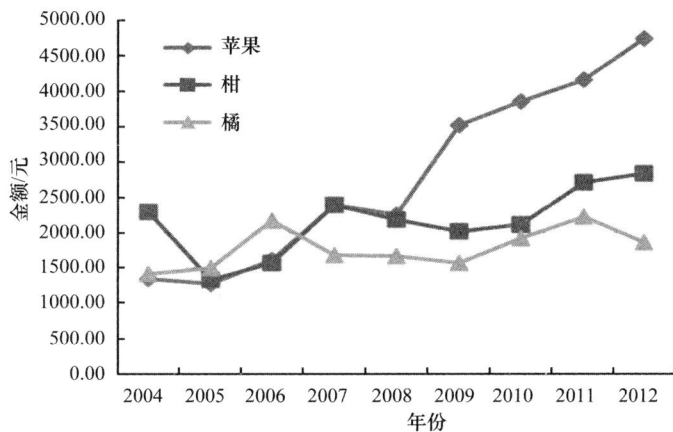

图 4.2　三种水果生产成本变化
资料来源：《全国农产品成本收益资料汇编 2005～2013》

查多个品种，则需要更多的检查费用，增加了企业出口成本。表面上看这些检查费用是进口商自己承担，但实际上由于我国食用菌出口的议价能力有限，这笔费用最终必然被转嫁到国内出口商身上。

3. 生产者的相对经济效率有下降的趋势

由于园艺产品市场化程度较高，产品价格波动较大，因此种植收益波动也较大，很难以一年的收益来说明收益的变化状况，故我们采用 5 年为一个周期来说明收益的变化。以蔬菜为例：从实际情况看，无论是亩产值还是净利润，蔬菜、粮、棉、油 2006～2010 年的均值均比 2001～2005 年的均值有所增加，蔬菜产值增加 50.64%，净利润增加 48.25%；而粮、棉、油产值分别增加 62.88%、53.33%、83.00%，净利润分别增加 137.94%、56.38%、234.63%；相对于粮、棉、油而言，蔬菜产值和净利润的增幅明显偏小（表 4.3）。从成本利润率的变化看，粮食和油料生产近 5 年的成本利润率增长幅度远远高于蔬菜和棉花，蔬菜生产的成本利润率增长幅度最低，为 -4.47%。2001～2005 年，蔬菜种植亩均产值分别是粮食、棉花、油料的 6.24 倍、3.01 倍、6.58 倍，亩均净利润分别是粮食、棉花、油料的 17.78 倍、5.53 倍、16.69 倍，而 2006～2010 年蔬菜种植亩均产值分别为粮食、棉花、油料亩均产值的 5.88 倍、2.96 倍、5.42 倍，亩均净利润分别为粮食、棉花、油料的 11.08 倍、5.24 倍、7.39 倍，表明蔬菜生产相对于大宗农产品的效益优势正在逐步下降。

表 4.3　我国蔬菜生产与粮、棉、油生产的收益比较

产品	2001~2005 年平均			2006~2010 年平均			后 5 年增长率/%		
	产值元	净利润元	成本利润率/%	产值元	净利润元	成本利润率/%	产值	净利润	成本利润率
蔬菜	2892.27	1414.26	96.43	4356.92	2096.63	92.12	50.64	48.25	-4.47
粮食	463.22	79.52	20.03	741.50	189.21	34.45	62.88	137.94	71.99
棉花	961.31	255.72	35.85	1474.13	399.90	35.76	53.33	56.38	-0.25
油料	439.59	84.75	23.27	804.46	283.60	55.62	83.00	234.63	139.02

资料来源：《全国农产品成本收益资料汇编 2005~2011》（经作者计算）

随着园艺产品市场竞争的加剧和国家对大宗农产品支持力度的加大，园艺产品生产流通成本不断攀升，园艺产业生产相对于大宗农产品的效益优势逐渐减小，加之市场化程度较高，从事园艺产业的风险相对较大，对劳动力的要求又相对较高，未来农户从事园艺产业的积极性将会受到一定的挑战。

五、中国园艺产业供需预测

（一）蔬菜产业供需预测

1. 蔬菜供给的预测

中国是世界上最大的蔬菜生产国，自20世纪80年代中期实施蔬菜产销体制改革以来，全国蔬菜生产快速增长，种植面积逐年增加。截至2012年，蔬菜播种面积由1995年的1.43亿亩增加至3.03亿亩（图5.1）。而蔬菜单产大致也呈递增态势，由1995年的1802.5kg/亩增加至2012年的2321.8kg/亩，单产水平年均提高1.5个百分点（图5.2）。

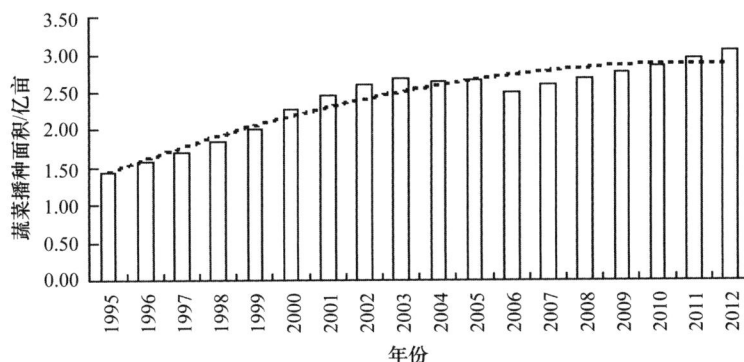

图 5.1　1995～2012 年中国蔬菜播种面积

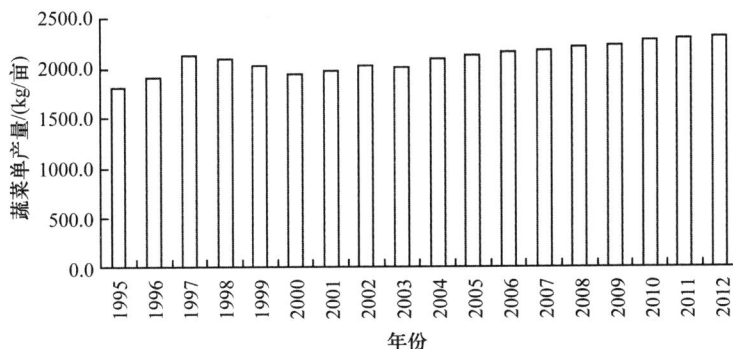

图 5.2　1995～2012 年中国蔬菜单产量

资料来源：《中国统计摘要 2013》《中国农业发展报告 2012》

综合考虑政府主管部门和蔬菜行业人士的观点，在一定时期，中国蔬菜产业发展应保持全国蔬菜播种面积的基本稳定（《全国蔬菜产业发展规划（2011～2020 年）》等）。由图 5.1 可知，1995～2012 年，全国蔬菜播种面积呈递增态势，且增速逐渐放缓。考虑土地资源的有限，蔬菜播种面积不可能无限扩张*，故本研究采用了具有最高上限的三参数 Gompertz 模型对 2020～2030 年中国蔬菜播种面积进行了预测**，结果见图 5.3。

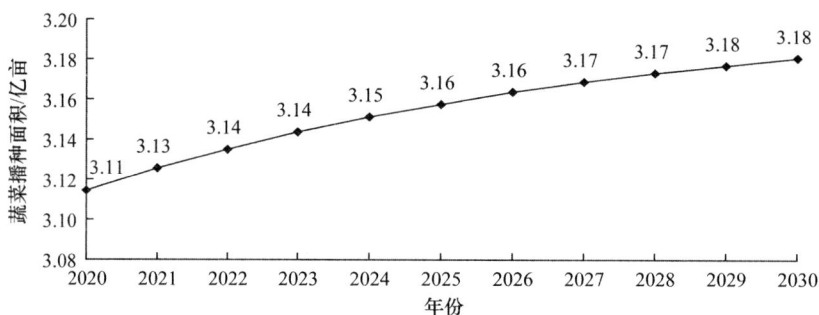

图 5.3　2020～2030 年蔬菜播种面积预测

由图 5.4 所示，2020 年、2030 年蔬菜播种面积分别约为 3.11 亿亩和 3.18 亿亩。根据《全国蔬菜产业发展规划（2011～2020 年）》，预计全国蔬菜于 2020 年单产达到 2500kg/亩；如果单产水平年均提高 1.5 个百分点，则 2030 年全国蔬菜单产预计

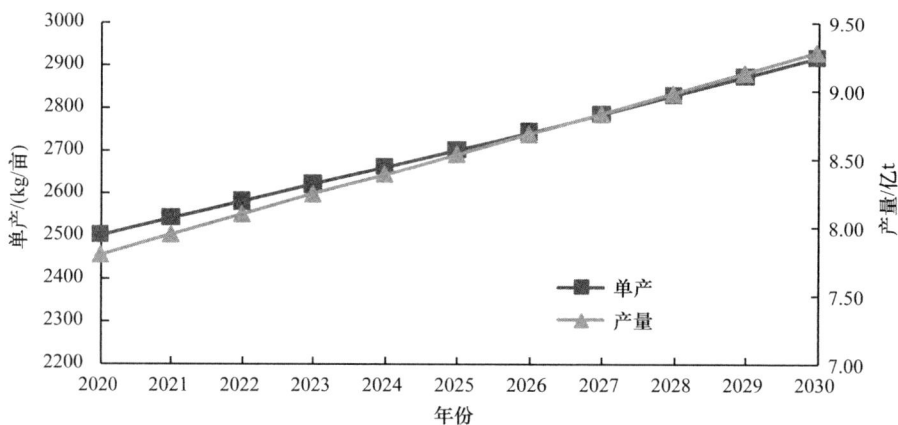

图 5.4　2020～2030 年蔬菜单产与产量预测

---

　　* 以美国为例，2010～2012 年，美国新鲜蔬菜种植面积基本保持平稳，且在 1768×10³acre（英亩）附近小幅波动。换言之，土地资源的有限性及蔬菜需求的相对稳定，共同导致了蔬菜种植面积的稳定。1 英亩≈4046.86 平方米。

　　** 本模型的预测是基于 1990～2012 年的蔬菜播种面积数据，且模型拟合优度达到了 0.9972，从而确保了模型预测的相对精度。

达到 2917kg/亩。据此预测，2020 年、2030 年全国蔬菜总产量将分别达到 7.79 亿 t 和 9.28 亿 t。

中国未来蔬菜生产的发展目标为全面提高蔬菜质量与安全水平。而根据《全国蔬菜产业发展规划（2011～2020 年）》，2015 年蔬菜商品化处理率提高到 50%，2020 年提高到 60%。据此可以推测，2025 年和 2030 年中国的蔬菜商品化处理率将分别达到 70% 和 80%，2030 年商品化处理后的蔬菜产量将达到 7.42 亿 t（图 5.5）。

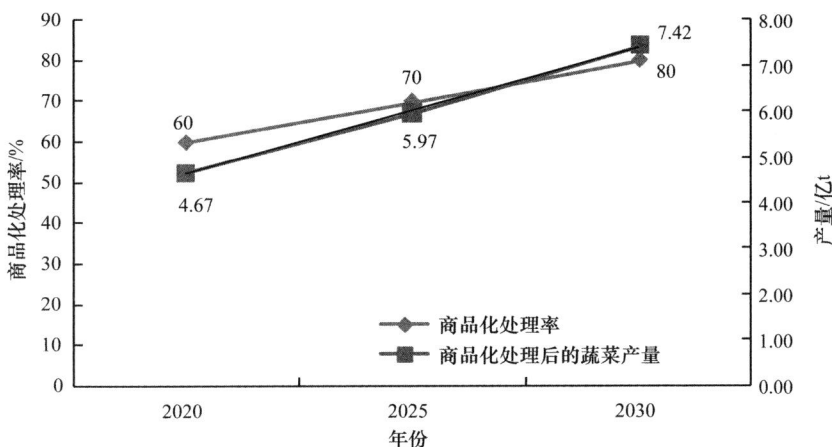

图 5.5 2020～2030 年商品化处理后蔬菜产量和处理率预测

根据历年《中国农业年鉴》，2008～2011 年食用菌（干鲜混合）产量占蔬菜总产量的比例为 1.15%～1.33%，且相对比较稳定。依此预测，2020 年食用菌产量将在 0.0895 亿～0.1036 亿 t 波动，而 2030 年食用菌产量将在 0.1067 亿～0.1234 亿 t 波动（图 5.6）。

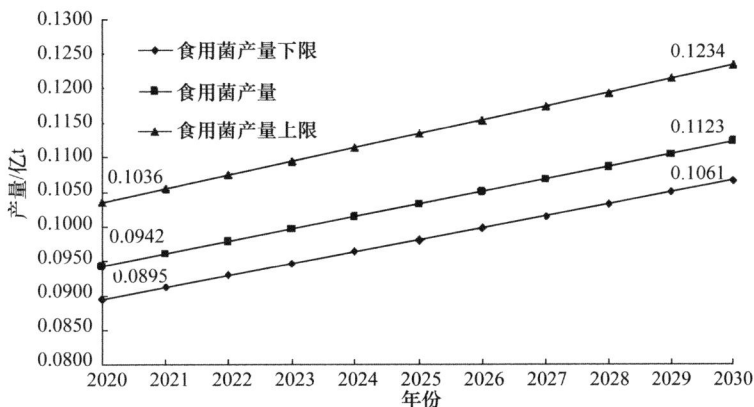

图 5.6 2020～2030 年食用菌产量预测

从蔬菜生产布局来看，2008～2011 年中国蔬菜产量排名前十的地区分别为山东、河北、河南、江苏、四川、湖北、湖南、辽宁、广东、广西（图 5.7）。这 10 个地区在 2008～2011 年的蔬菜总产量占了全国蔬菜总产量的 68%左右，且基本保持稳定。

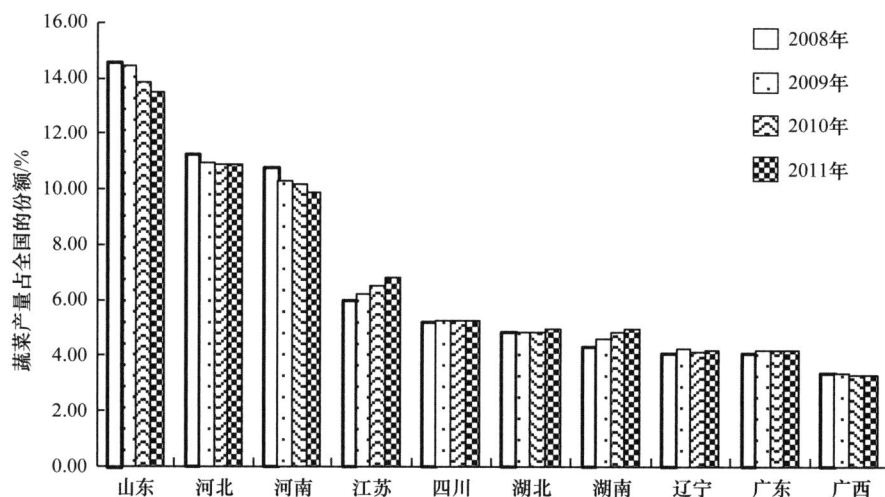

图 5.7　2008～2011 年产量排名前十的地区蔬菜产量占全国的份额
资料来源：根据历年《中国农业年鉴》整理

考虑到我国 31 个地区蔬菜产量占全国的比例相对比较稳定的现状，根据 2008～2011 年比例均值可预测 2020 年和 2030 年中国各地蔬菜产量，见表 5.1。

表 5.1　2020 年、2030 年各地蔬菜产量预测值　　（单位：万 t）

地区	2020 年蔬菜产量	2030 年蔬菜产量
山东	10 982.33	13 086.32
河北	8 550.30	10 188.36
河南	8 010.20	9 544.79
江苏	4 953.60	5 902.60
四川	4 070.76	4 850.63
湖北	3 786.95	4 512.45
湖南	3 632.60	4 328.53
辽宁	3 230.71	3 849.65
广东	3 236.93	3 857.05
广西	2 591.98	3 088.55
安徽	2 543.95	3 031.32
浙江	2 188.55	2 607.83

地区	2020 年蔬菜产量	2030 年蔬菜产量
福建	1 897.87	2 261.46
内蒙古	1 698.46	2 023.84
云南	1 532.55	1 826.15
江西	1 366.87	1 628.73
甘肃	1 464.12	1 744.62
陕西	1 571.02	1 871.99
黑龙江	785.07	935.47
重庆	1 492.52	1 778.45
贵州	1 383.11	1 648.09
新疆	1 807.87	2 154.22
吉林	1 187.40	1 414.89
山西	1 114.70	1 328.25
上海	494.75	589.54
海南	520.30	619.98
北京	380.99	453.98
宁夏	463.89	552.76
天津	469.78	559.78
青海	157.47	187.64
西藏	67.69	80.65

如表 5.1 所示，2020 年和 2030 年，中国最为重要的蔬菜产地为山东、河北和河南，其蔬菜产量占全国总产量的比例均超过了 10%；而北京、宁夏、天津、青海和西藏蔬菜产量的比例则低于 0.5%。从蔬菜区域间的流向来看，山东、河北和河南等主要蔬菜产地是蔬菜主要输出地；而北京、宁夏、天津、青海和西藏的蔬菜将主要依赖外部输入。

2. 蔬菜需求的预测

（1）蔬菜出口需求的预测

根据联合国粮食及农业组织（FAO）提供的数据，1990~2009 年中国蔬菜出口量占蔬菜总产量的比例为 1.17%~2.28%，在 2005 年以后围绕着 2.11%波动且趋于稳定

（图 5.8）。在我国蔬菜产量逐年递增的前提下，中国蔬菜出口增长势头强劲，1999～2011 年的年均增长率为 11.4%（图 5.9）。从图 5.10 可知，由于国际金融危机导致国外需求下降，2008 年、2009 年和 2010 年的蔬菜出口环比增长率仅为 0.34%～4.13%；其他年份中国蔬菜出口增长率均大于 8%，而 2011 年出口增长率达到了 17.94%。

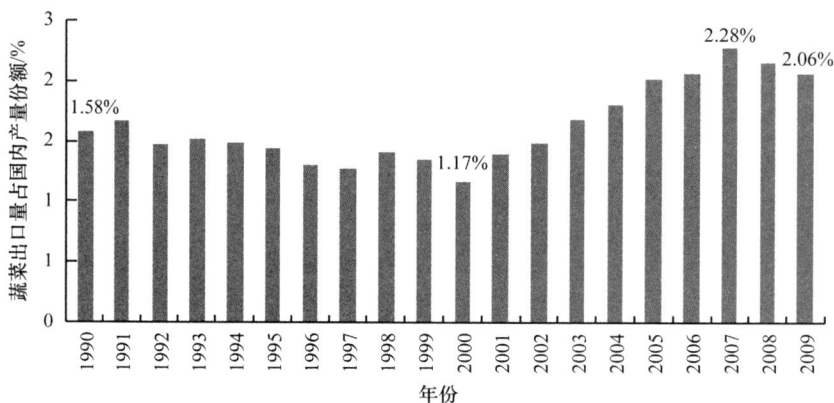

图 5.8　1990～2009 年蔬菜出口量占国内产量份额

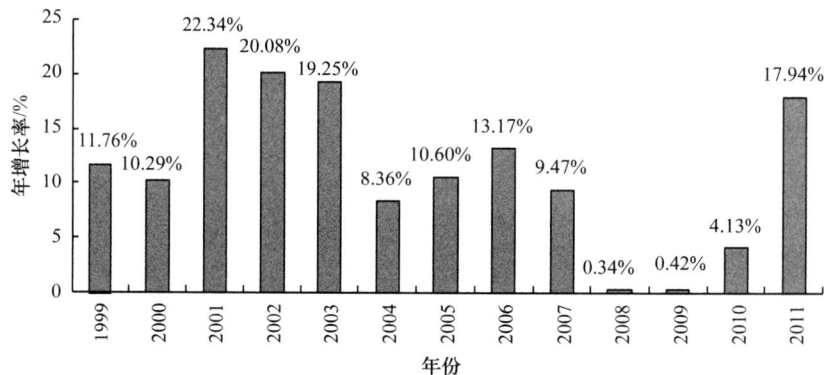

图 5.9　1999～2011 年蔬菜出口年增长率

资料来源：根据 FAO 历年食物平衡表（Food balance sheet）、历年《中国农业年鉴》整理

　　考虑到蔬菜出口量占中国国内蔬菜产量的份额相对稳定，据此可以预测，2020 年、2030 年蔬菜出口量占蔬菜总产量的比例也将在 1.17%～2.28% 浮动。根据前面预测可知，2020 年和 2030 年全国蔬菜总产量将分别达到 7.79 亿 t 和 9.28 亿 t，故 2020 年蔬菜出口量将在 0.0911 亿～0.1775 亿 t 波动，而 2030 年蔬菜出口量将在 0.1085 亿～0.2115 亿 t 波动（图 5.10）。

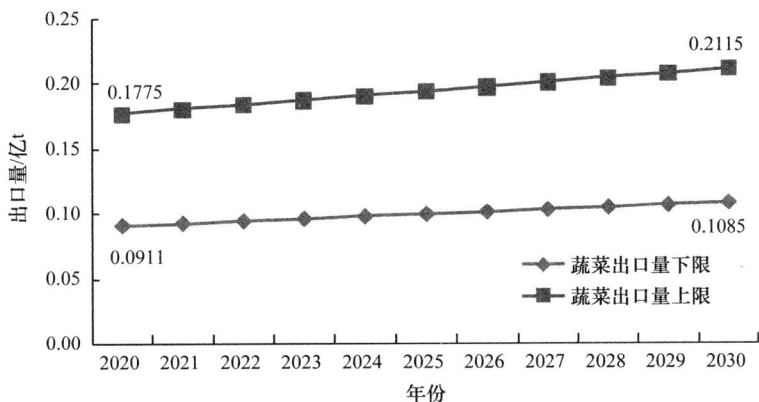

图 5.10　2020～2030 年蔬菜出口量预测

（2）蔬菜国内需求的预测

FAO 统计数据显示，1990～2009 年，平均有 88.53% 的蔬菜用于食品消费；3.32% 的蔬菜用于饲料用途；其他用途仅占 0.16%；而损耗率高达 7.99%（图 5.11，图 5.12）。

1）蔬菜食品消费量的预测

根据《中国农业发展报告》统计数据，1994～2012 年，中国城乡居民人均蔬菜消费呈平稳波动态势。其中，1994～2012 年城镇居民人均蔬菜消费量均值约为

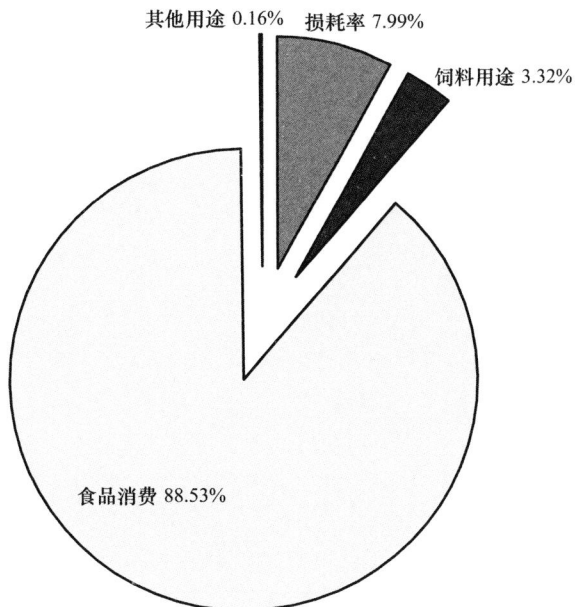

图 5.11　国内蔬菜各类需求份额的均值

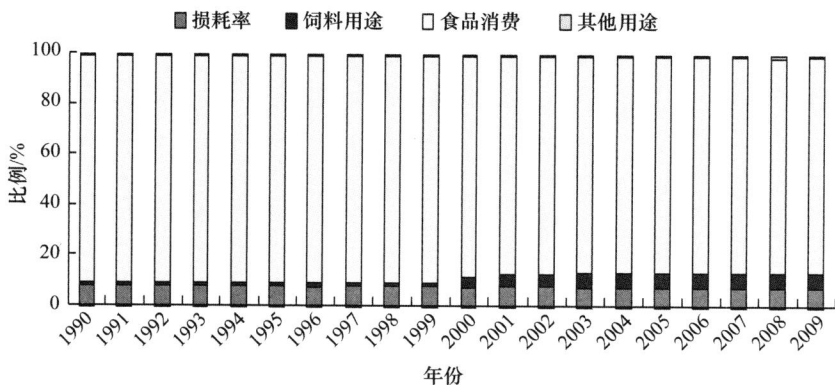

图 5.12　1990～2009 年国内蔬菜需求构成
资料来源：根据 FAO 历年 Food balance sheet 整理

117.4kg，而农村居民人均蔬菜消费量均值约为 103kg（图 5.13）。而美国 1980～2012 年的数据显示，美国人均蔬菜年消费量也大致趋于平稳，且围绕均值 124kg 小幅波动（图 5.14）。由此可见，当一国收入结构与消费结构相对稳定时，人均蔬菜消费量也大体趋于稳定。故可以推测，2020 年、2030 年中国城镇、农村居民人均蔬菜消费量分别约为 117.4kg 和 103kg。

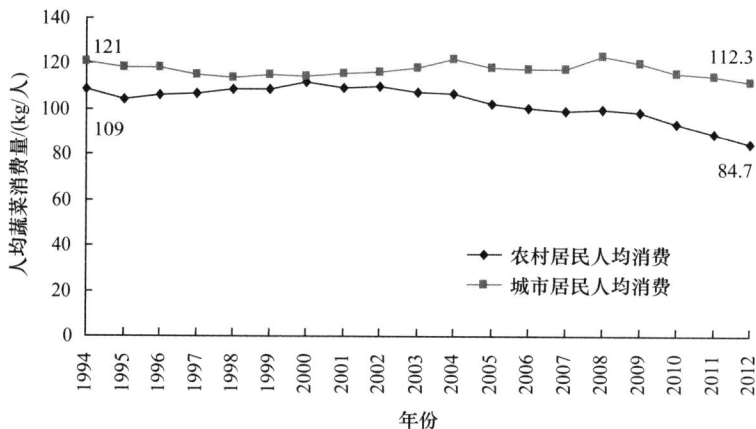

图 5.13　中国城乡居民人均蔬菜消费量
资料来源：历年《中国农业发展报告》

　　根据 FAO 统计数据可知，近几年蔬菜食品消费量占蔬菜总产量的比例非常稳定，且围绕着 84% 小幅波动（图 5.12）。由前面分析可知，2020 年、2030 年全国蔬菜总产量将分别达到 7.79 亿 t 和 9.28 亿 t，若假定 2020 年、2030 年蔬菜食品消费比例也约为 84%，则 2020 年、2030 年蔬菜食品消费量分别约为 6.5436 亿 t

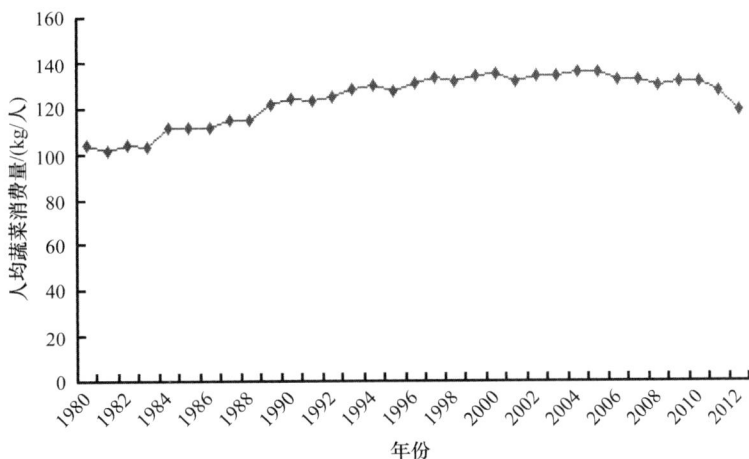

图 5.14　美国居民人均蔬菜消费量
资料来源：美国农业部、官方统计数据（USDA，National Agricultural Statistics Service）

和 7.7952 亿 t。

就蔬菜消费结构而言，中国城镇居民蔬菜消费主要以鲜菜为主（图 5.15）。具体而言，2005～2011 年，鲜菜消费大约占了 90%，加工蔬菜消费大约占了 10%。随着中国居民人均收入的提高，对于高品质加工蔬菜的消费需求也会提升。假定 2020 年、2030 年加工蔬菜消费比例增至 15%，则 2020 年加工蔬菜消费量将约为 0.98 亿 t，2030 年加工蔬菜消费量将约为 1.17 亿 t。

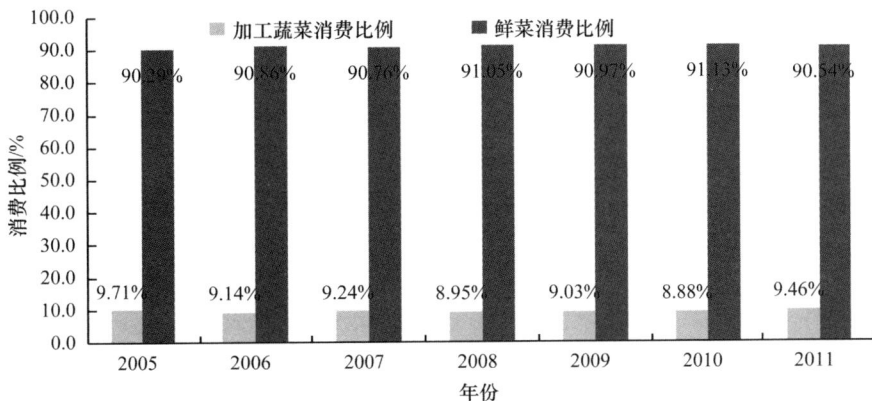

图 5.15　2005～2011 年城镇居民蔬菜不同品种消费的份额
资料来源：历年《中国城市年鉴》

现有统计数据表明，中国食用菌人均年消费量不足 0.5kg，而日本人均年消费量为 3kg。而根据联合国经济和社会事务部人口司的预测，随着中国城镇化进程的持续推进，农村人口将持续向城市转移。预计中国城镇与农村人口在 2020 年分别达到 8.46 亿人和 5.41 亿人，2030 年分别达到 9.58 亿人和 4.35 亿人（图 5.16）。

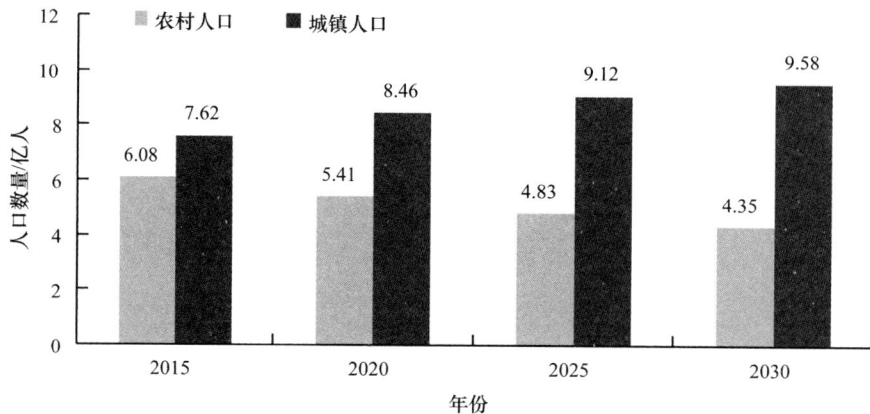

图 5.16　2015～2030 年城乡人口预测值
资料来源：2011 全球城市化发展报告（联合国经济与社会事务部，2011）

如果 2020 年和 2030 年中国食用菌人均消费量达到 3kg，则 2020 年和 2030 年城乡居民家庭食用菌总消费量预计分别达到 416.3 万 t 和 417.9 万 t（图 5.17）。

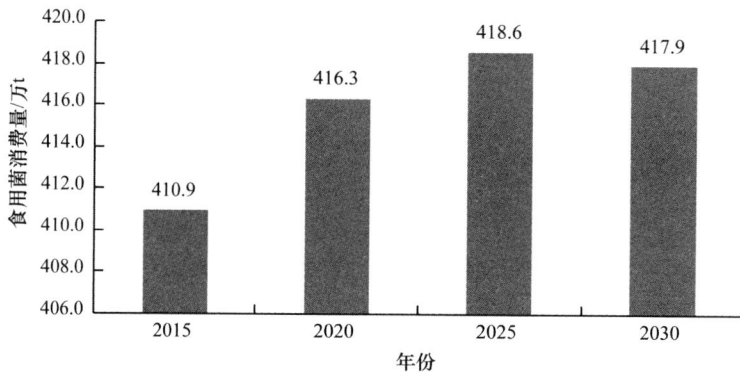

图 5.17　2015～2030 年食用菌消费量预测
资料来源：根据人口预测值进行测算

2）蔬菜饲料使用量的预测

根据 FAO 统计数据，1990～2009 年，蔬菜饲料用途比例大致呈上升态势，由 1990 年的 1.09% 增加至 2009 年的 5.76%。进一步的观察发现，2003 年之后的蔬菜饲料用途比例大致呈稳定状态，且围绕 5.7% 上下波动。根据前面预测可知，2020

年和 2030 年全国蔬菜总产量将分别达到 7.79 亿 t 与 9.28 亿 t，若 2020 年、2030 年蔬菜饲料用途比例维持在 5.7%左右，则 2020 年、2030 年蔬菜饲料使用量将预计分别达到 0.44 亿 t 和 0.53 亿 t（图 5.18）。

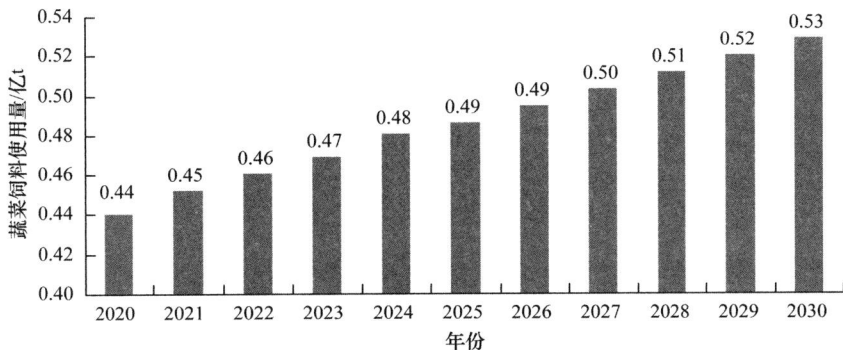

图 5.18　2020～2030 年蔬菜饲料使用量预测

3）蔬菜损耗量的预测

根据 FAO 统计数据，1990～2009 年，蔬菜损耗率大致呈下降趋势，由 1990 年的 8.26%降至 2009 年的 7.65%，年均降幅达到 0.03%（图 5.19，图 5.20）。据此推测，2020 年、2030 年蔬菜损耗率将分别降至 7.32%和 7.02%。根据前面预测可知，2020 年和 2030 年全国蔬菜总产量将分别达到 7.79 亿 t 与 9.28 亿 t，故 2020 年、2030 年蔬菜损耗量分别约为 0.57 亿 t 和 0.65 亿 t。

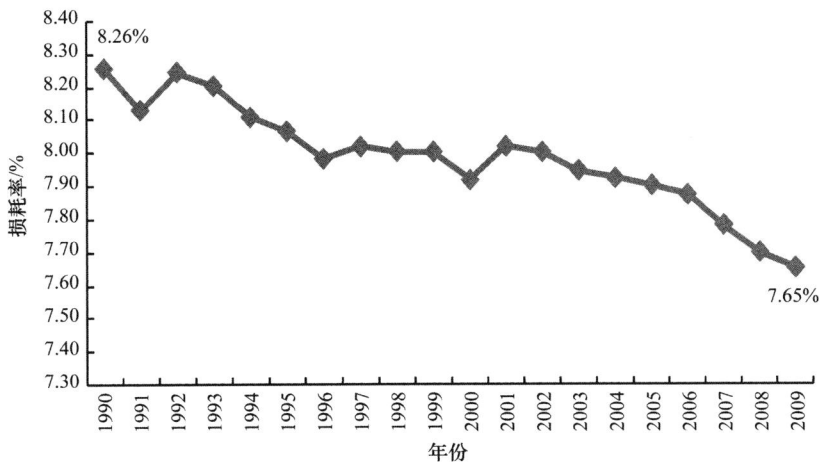

图 5.19　1990～2009 年蔬菜损耗率

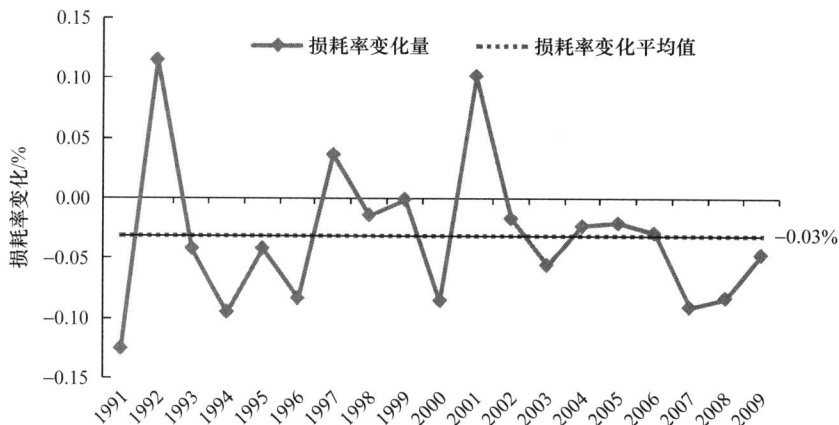

图 5.20　1991～2009 年蔬菜损耗率变化量
资料来源：根据 FAO 历年食物平衡法（Food balance sheet）整理

3. 我国蔬菜供求整体趋势判断

按照预测，由于单产的增加，在控制种植规模的情况下，2020 年和 2030 年全国蔬菜总产量将分别达到 7.79 亿 t 与 9.28 亿 t。蔬菜需求主要包括蔬菜出口、国内食品消费、饲用和损耗四大部分。按预测，2020 年蔬菜出口量将在 0.0911 亿～0.1775 亿 t 波动，国内食品消费量将达到 6.5436 亿 t，蔬菜饲料使用量将达到 0.44 亿 t，蔬菜损耗量约为 0.57 亿 t；2030 年蔬菜出口量将在 0.1085 亿～0.2115 亿 t 波动，国内食品消费量将达到 7.7952 亿 t，蔬菜饲料使用量将达到 0.53 亿 t，蔬菜损耗量约为 0.65 亿 t。故 2020 年我国蔬菜总需求量在 7.64 亿～7.73 亿 t 波动；2030 年我国蔬菜总需求量在 9.08 亿～9.19 亿 t 波动；因此中国蔬菜产业基本能够实现供需平衡，且供给略大于需求。

（二）水果产业供需预测

1. 基于趋势外推法的预测

（1）水果供给的预测

中国是世界上最大的水果生产国，种植面积逐年平稳增加。截至 2012 年，水果播种面积由 1995 年的 1.21 亿亩增加至 1.81 亿亩。而水果单产大致也呈递增态势，由 1995 年的 347.0kg/亩增加至 2012 年的 1321.1kg/亩，其中，2002～2003 年为水果单产水平大幅提升的转折点，增幅达到了 101%；2003 年之后，水果单产增长幅度大致趋于平稳，年均提高约 2.9 个百分点（图 5.21，图 5.22）。

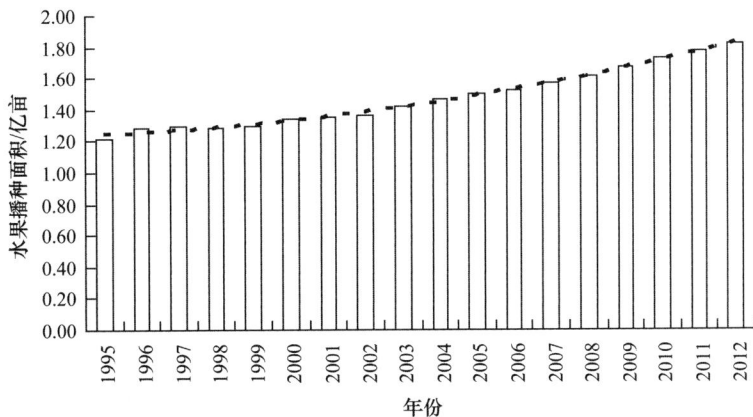

图 5.21　1995～2012 年中国水果播种面积

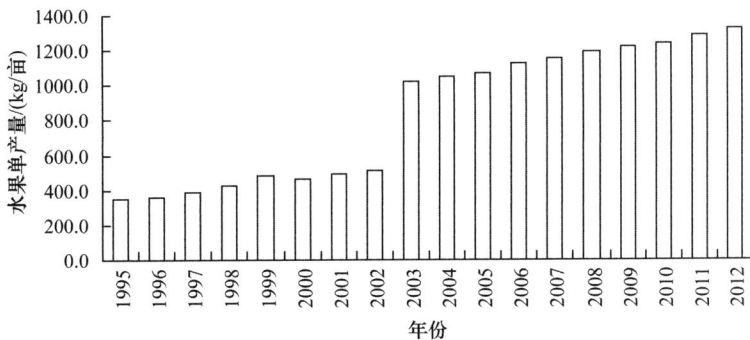

图 5.22　1995～2012 年中国水果单产量
资料来源：《中国统计摘要 2013》《中国农业发展报告 2012》

　　1995～2012 年，水果播种面积平稳增长，且增速逐渐趋缓。与蔬菜类似，考虑土地资源的有限，水果播种面积不可能无限扩张，故本研究采用了具有最高上限的三参数 Gompertz 模型对 2020～2030 年中国水果播种面积进行了预测*，结果见图 5.23。

　　由图 5.23 可知，2020 年、2030 年水果播种面积分别约为 1.89 亿亩和 1.98 亿亩。由于 2003 年之后，水果单产水平年均提高 2.9 个百分点，预计 2020 年、2030 年水果单产分别达到 1655kg/亩和 2194kg/亩。据此预测，2020 年、2030 年全国水果总产量将分别达到 3.12 亿 t 和 4.35 亿 t（图 5.24）。

---

　　* 本模型的预测是基于 1990～2012 年的水果播种面积数据，且模型拟合优度达到了 0.9981，从而确保了模型预测的相对精度。

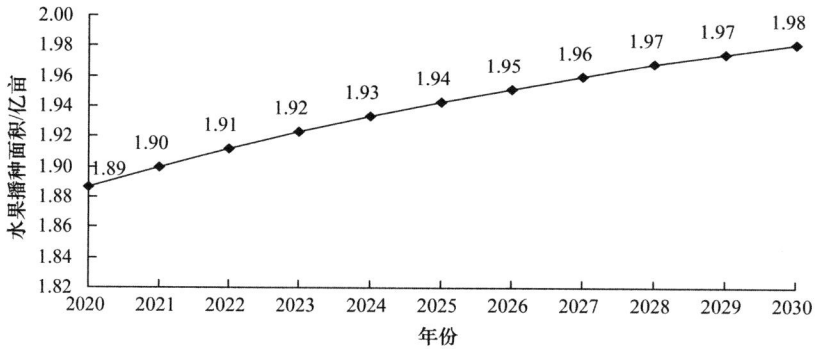

图 5.23　2020～2030 年水果播种面积预测

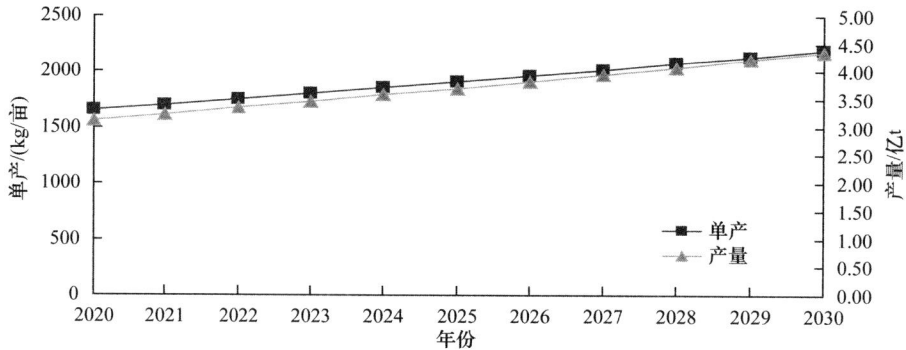

图 5.24　2020～2030 年水果单产与产量预测

从水果生产布局来看，2008～2011 年中国水果产量排名前十的地区分别为山东、河南、河北、陕西、广东、广西、新疆、浙江、安徽、湖北（图 5.25）。这 10 个地区在 2008～2011 年的水果总产量占了全国水果总产量的 65%左右，且基本保持稳定。

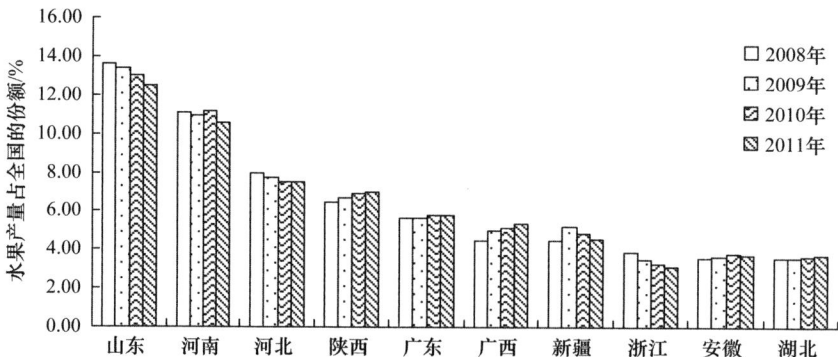

图 5.25　2008～2011 年产量排名前十的地区水果产量占全国的份额
资料来源：根据历年《中国农业年鉴》整理

考虑到我国 31 个地区水果产量占全国的比例相对比较稳定的现状,根据 2008～2011 年比例均值可预测 2020 年和 2030 年中国各地水果产量,结果见表 5.2。

表 5.2　2020 年、2030 年各地水果产量预测值　　（单位：万 t）

地区	2020 年水果产量	2030 年水果产量
山东	4098.53	5714.29
河南	3415.90	4762.55
河北	2402.43	3349.54
陕西	2110.35	2942.32
广东	1783.45	2486.53
广西	1551.68	2163.40
新疆	1480.82	2064.61
浙江	1075.62	1499.66
安徽	1149.54	1602.73
湖北	1132.76	1579.33
江苏	1079.41	1504.94
湖南	1127.79	1572.40
四川	1050.95	1465.26
福建	973.29	1357.00
辽宁	1035.77	1444.10
江西	740.27	1032.11
甘肃	698.79	974.28
山西	723.19	1008.29
黑龙江	449.31	626.44
海南	540.99	754.27
云南	566.47	789.79
吉林	364.88	508.72
内蒙古	381.13	531.38
重庆	336.24	468.79
宁夏	317.53	442.71
北京	177.55	247.54
贵州	181.03	252.39
上海	152.41	212.50
天津	94.22	131.36
青海	5.49	7.66
西藏	2.19	3.05

如表 5.2 所示，2020 年和 2030 年，中国最为重要的水果产地为山东、河南、河北和陕西，其水果总产量占全国总产量的比例超过了 38%；而贵州、上海、天津、青海、西藏水果产量的比例则低于 0.6%。从水果区域间的流向来看，山东、河南、河北和陕西等主要水果产地是水果主要输出地；而贵州、上海、天津、青海、西藏的水果将主要依赖外部输入。

（2）水果需求的预测

1）水果出口需求的预测

根据联合国粮食及农业组织（FAO）提供的数据，1992～2011 年中国水果出口量占水果总产量的比例为 2.15%～5.92%，且在 2003 年以后围绕 4.93% 波动并趋于稳定（图 5.26）。在我国水果产量逐年递增的前提下，中国水果出口增长却呈现 4～5 年的周期性波动。例如，2002 年中国水果出口增速达到波峰，环比增长率为 39.51%，随后，水果出口增速逐渐下降，且在 2006 年降至波谷。此后，2007 年水果出口增长又呈现反弹并达到了波峰，环比增长率为 21.21%。具体而言，2001 年、2006 年、2010 年、2011 年为水果出口负增长的波谷，且波谷间相隔 4～5 年的周期。进一步由图 5.27 可知，由于国际金融危机导致国外需求下降，2008～2010 年，中国水果出口环比增长率呈递减趋势，且在 2011 年降到了 -9.09%。2011 年以后，中国水果出口市场开始回暖，2012 年水果出口增长率达到了 5.19%，但仍低于 2007 年 21.21% 的环比增速。

考虑到水果出口量占中国国内水果产量的份额相对稳定，据此可以预测，2020 年、2030 年水果出口量占水果总产量的比例也将在 2.15%～5.92% 浮动。根据前面

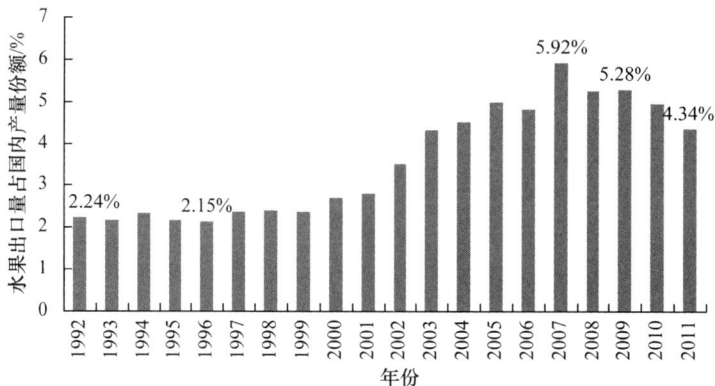

图 5.26　1992～2011 年水果出口量占国内产量份额

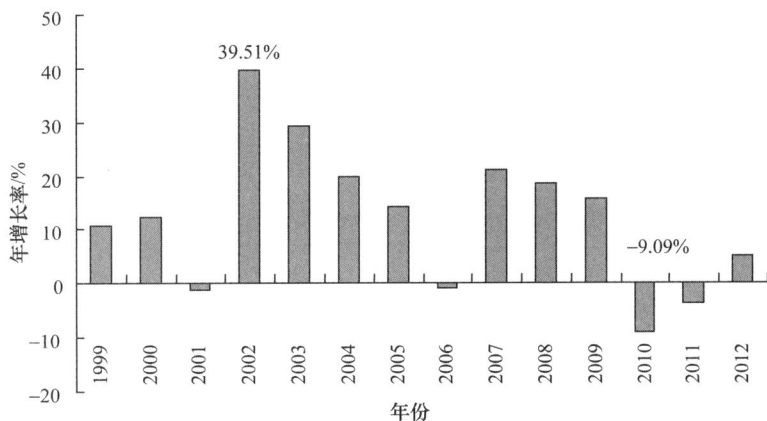

图 5.27　1999~2012 年水果出口年增长率

资料来源：根据 FAO 历年 Food balance sheet、历年《中国农业年鉴》整理

预测可知，2020 年和 2030 年全国水果总产量将分别达到 3.12 亿 t 与 4.35 亿 t，故 2020 年水果出口量将在 0.0671 亿~0.1849 亿 t 波动，而 2030 年水果出口量将在 0.0935 亿~0.2574 亿 t 波动（图 5.28）。

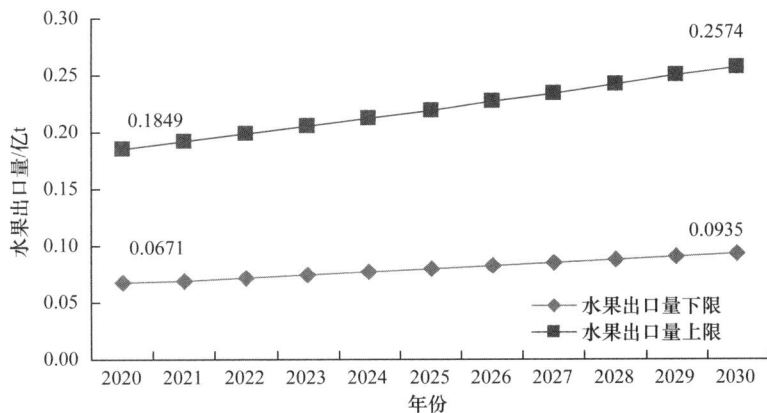

图 5.28　2020~2030 年水果出口量预测

2）水果国内需求的预测

根据 FAO 统计数据显示，1992~2011 年，平均有 85.92% 的水果用于食品消费；6.40% 的水果用于水果制品；而损耗率高达 7.68%（图 5.29，图 5.30）。

①水果食品消费量的预测

根据国家统计局数据，1990~2000 年，中国城乡居民人均水果消费量大致呈递

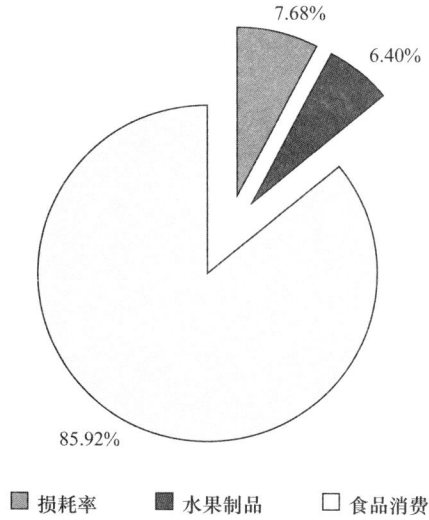

图 5.29　国内水果各类需求份额的均值

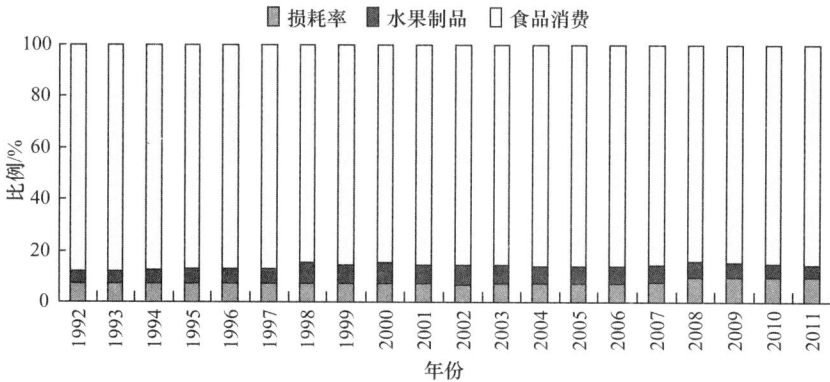

图 5.30　1992～2011 年国内水果需求构成

资料来源：根据 FAO 历年 Food balance sheet 整理

增态势。其中，城镇居民水果人均消费量由1990年的41.1kg增加至2000年的57.5kg，而农村居民水果人均消费量由1990年的5.9kg增加至2000年的18.3kg。2000年之后，城镇居民水果人均消费量大体趋于平稳，人均消费量围绕55.3kg左右浮动；农村居民水果人均消费量则在 2000 年以后呈现缓慢上涨，年均增幅约为 5.9%（图 5.31）。根据国务院办公厅印发的《中国食物与营养发展纲要（2014～2020 年）》，2020 年全国人均年水果消费量将达到60kg。考虑到城乡居民水果消费需求最终趋于平稳，故可推测2030年中国人均水果消费量将与2020年接近，约为 60kg。

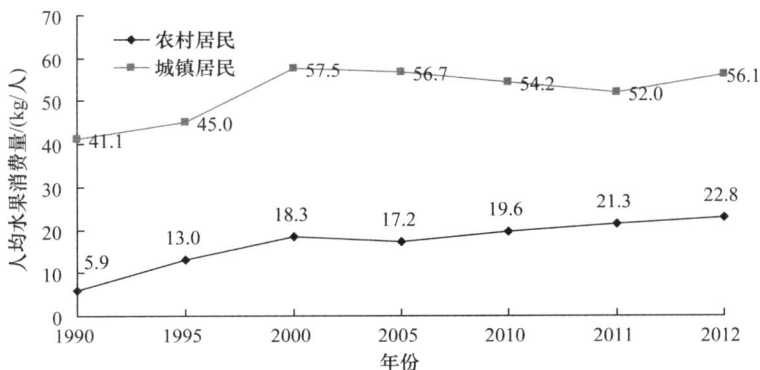

图 5.31　中国城乡居民家庭人均水果消费量
资料来源：《中国统计年鉴 2013》

　　根据 FAO 统计数据可知，近几年中国水果食品消费量占水果总产量的比例非常稳定，且围绕着 85% 小幅波动（图 5.32）。由前面分析可知，2020 年、2030 年全国水果总产量将分别达到 3.12 亿 t 与 4.35 亿 t，若假定 2020 年、2030 年水果食品消费比例也约为 85%，则 2020 年、2030 年水果食品消费分别约为 2.6520 亿 t 和 3.6975 亿 t。就水果消费结构而言，中国城镇居民水果消费主要以鲜瓜果为主（图 5.32）。具体而言，2005~2011 年，鲜菜消费大约占了 75%，其他干鲜瓜果及制品消费大约占了 25%。随着中国居民人均收入的提高，对于高品质加工水果的消费需求也会提升。2006~2011 年，加工水果消费比例每年大约上升 1%，据此推测，2020 年、2030 年加工水果消费比例将分别增至 34% 和 44%，则 2020 年加工水果消费将约为 0.9017 亿 t，2030 年加工水果消费将约为 1.6269 亿 t。

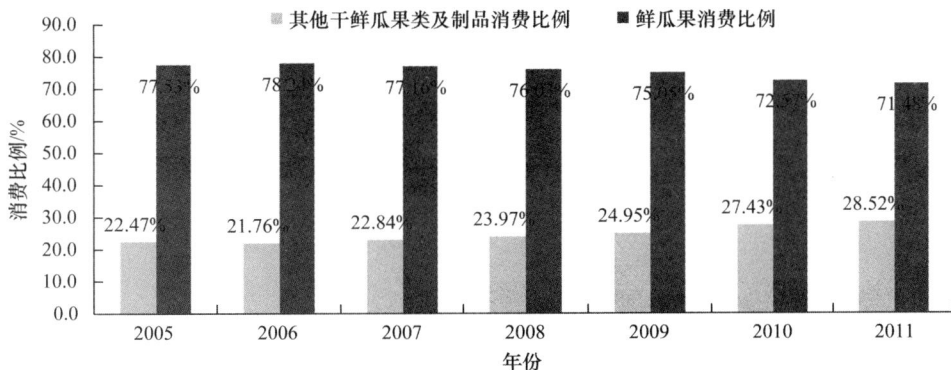

图 5.32　2005~2011 年城镇居民水果不同品种消费的份额
资料来源：历年《中国城市年鉴》

②水果制品使用量的预测

根据 FAO 统计数据（图 5.30），1992～2011 年，水果制品用途比例大致呈稳定状态，且围绕 6.40%上下波动。根据前面预测可知，2020 年和 2030 年全国水果总产量将分别达到 3.12 亿 t 和 4.35 亿 t，若 2020 年、2030 年水果制品用途比例维持在6.40%左右，则 2020 年、2030 年水果制品使用量将预计分别达到 0.20 亿 t 和 0.28亿 t（图 5.33）。

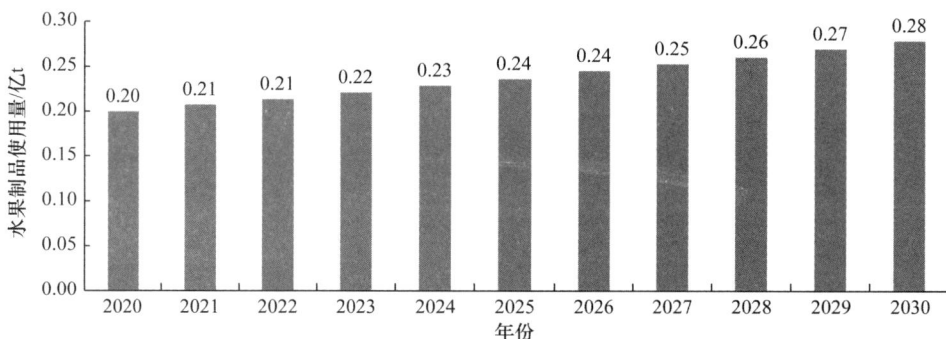

图 5.33　2020～2030 年水果制品使用量预测

③水果损耗量的预测

根据 FAO 统计数据，1992～2006 年，水果损耗率在 7%左右上下浮动，而2008 年以后损耗率在 9.6%左右上下浮动。水果损耗率由 1992 年的 7.01%上升至2011 年的 9.63%，年均增幅约为 0.14%（图 5.34，图 5.35）。随着水果仓储与物流技术的进步，水果损耗率势必有所下降。如果 2020 年、2030 年水果损耗率能够控制在 7%左右。根据前面预测可知，2020 年和 2030 年全国水果总产量将分别达到 3.12 亿 t 和 4.35 亿 t，故 2020 年、2030 年水果损耗量分别约为 0.2184 亿t 和 0.3045 亿 t。

（3）我国水果供求整体趋势判断

按照预测，由于单产的增加，在 2020～2030 年控制种植规模的情况下，2020年和 2030 年全国水果总产量将分别达到 3.12 亿 t 和 4.35 亿 t。水果需求主要包括水果出口、国内食品消费、食品制造和损耗四大部分。按预测，2020 年水果出口量将在 0.0671 亿～0.1849 亿 t 波动，国内食品消费量将达到 2.6520 亿 t，水果食品制造使用量将达到 0.20 亿 t，水果损耗量约为 0.2184 亿 t；2030 年水果出口量将在

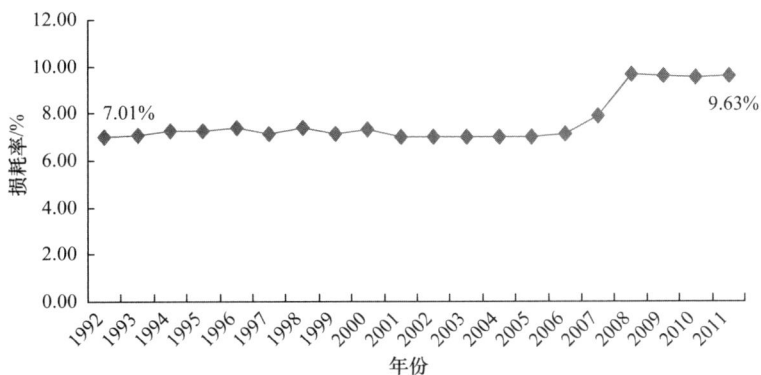

图 5.34　1992～2011 年水果损耗率

资料来源：根据 FAO 历年 Food balance sheet 整理

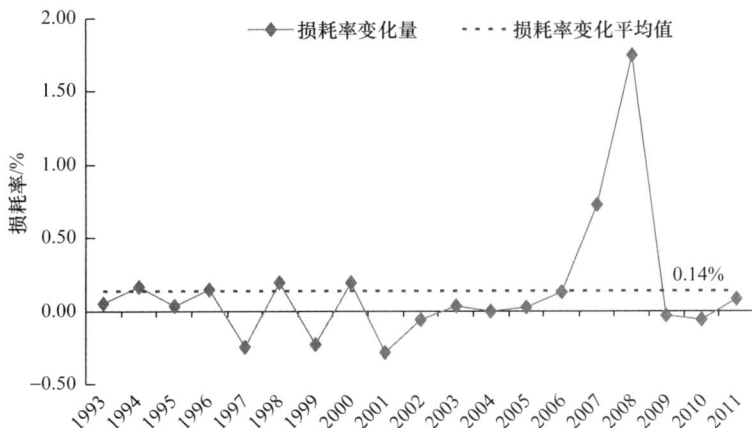

图 5.35　1992～2011 年水果损耗率变化量

资料来源：根据 FAO 历年 Food balance sheet 整理

0.0935 亿～0.2574 亿 t 波动，国内食品消费量将达到 3.6975 亿 t，水果制品使用量将达到 0.28 亿 t，水果损耗量约为 0.3045 亿 t。故 2020 年我国水果总需求量在 3.14 亿～3.26 亿 t 波动；2030 年我国水果总需求量在 4.38 亿～4.54 亿 t 波动。根据预测可知，中国水果产业基本能够实现供需平衡，且供给略小于需求。随着中国居民收入水平的提高，人们对于水果食品及加工制品的需求会大幅提升，水果需求的增加会使水果生产供给短缺。需要指出的是，中国目前的水果产业还存在损耗率高、加工率低、出口量少等问题，因此，改善水果种质、降低损耗率、优化水果生产布局，并淘汰生产效率低下的果园是未来水果产业的发展方向。

2．基于价格联动模型系统的预测

（1）水果供需及价格联动模型系统的设计

适应性预期是指经济主体利用变量的过去实际值及过去预测误差来对经济变量的未来进行预测的行为。在水果供求系统中，水果生产者会根据水果过去的需求和价格来决定当期的供给；水果消费者会根据水果过去的价格来决定当期的心理价格，同时水果当期价格也会受其过去价格的影响，因此，构建水果供需及价格联动模型有必要引入适应性预期理论。

1）水果供给模型

市场经济条件下水果生产者按照利润最大化原则来决定产品供给，价格是影响利润的关键因素，生产者根据对当期价格的预测来安排生产和供给，而按照适应性预期理论对当期价格的预测取决于过去价格水平及对过去价格预期的误差。考虑水果生产用地的专用性，水果供给在短期内具有一定的刚性，因此上期水果供给水平会影响当期供给水平。此外，产量、水果进口量、单产水平等因素也会影响水果供给水平，因此设计水果供给模型具体形式如下：

$$Q_t^s = \alpha_0 + \alpha_1 Q_{t-1}^s + \alpha_2 P_{t-1} + \alpha_3 \mathrm{IM}_t + \alpha_4 \mathrm{UP}_t + \alpha_5 \mathrm{PR}_t + \varepsilon_t \tag{5.1}$$

式中，Q_t^s、Q_{t-1}^s 分别为 t 和 $t-1$ 时期的供给量；P_{t-1} 为 $t-1$ 时期的价格水平；IM_t、UP_t、PR_t 分别为 t 时期的进口量、单产水平及产量；ε_t 为随机误差项。

2）水果价格模型

在水果供需系统中，供给与需求之间的相互作用通过价格这个中间变量产生。按照价格理论，水果价格主要由水果的供需决定。然而，除了供需之外，过去的价格水平、进口水平、出口水平、替代品价格也会影响水果价格形成，故设计水果价格模型具体形式如下：

$$P_t = \beta_0 + \beta_1 Q_t^s + \beta_2 P_{t-1} + \beta_3 \mathrm{IM}_t + \beta_4 \mathrm{EX}_t + \beta_5 \mathrm{SP}_t + \mu_t \tag{5.2}$$

式中，P_t、P_{t-1} 分别为 t 和 $t-1$ 时期的水果价格水平；IM_t、EX_t 和 SP_t 分别为 t 时期的进口水平、出口水平及替代品价格水平；μ_t 为随机误差项。

3）水果需求模型

影响水果需求的因素很多，有社会文化因素，如偏好、人口数量及其增长；有经济因素，如水果价格、加工率、出口水平、人均收入水平、替代品价格等，考虑数据的可获得性，设计水果需求模型具体形式如下：

$$Q_t^d = \lambda_0 + \lambda_1 P_t + \lambda_2 R_t + \lambda_3 SP_t + \lambda_4 EX_t + \lambda_5 MN_t + \lambda_6 POP_t + \lambda_7 URBAN_t + \upsilon_t \quad （5.3）$$

式中，R_t、MN_t、POP_t、$URBAN_t$ 分别为 t 时期的人均收入水平、加工水平、人口规模及城镇化率；υ_t 为随机误差项。

从水果供需与价格模型的构建可以看到，水果供给、需求及价格之间相互影响，在由这三个模型组成的供需及价格联动系统模型中，水果供给、需求与价格三个变量内生于系统，有多个不同因素影响它们，并且它们彼此之间也是相互影响和制约的。

（2）水果总量及分品种供需预测

1）水果总量供需预测

利用自回归积分滑动平均模型（ARIMA）模型，按照贝叶斯信息准则（BIC）最小化准则并构造 Ljung-Box Q 统计量，对 2013～2030 年影响供给量和需求量的水果价格、进口量、单产水平、替代品价格、人均可支配收入、出口量、加工率、人口规模进行合理的预测，在此基础上利用水果供需系统估计结果对 2013～2030 年水果供给量及需求量进行预测。表 5.3 为影响供给量和需求量的各因素预测值，表 5.4 为供给量和需求量的预测值。

表 5.3　影响水果供需量的各因素预测值（2013～2030 年）

年份 变量	水果价格指数	进口量/ (×10³t)	单产水平/ (t/hm²)	蔬菜价格指数	人均可支配收入/元	出口量/(×10³t)	加工率	人口/亿人
2013	838	5 274	12.11	1 683	18 004	7 779	0.076	13.902
2014	872	5 446	12.53	1 730	18 212	8 029	0.079	14.024
2015	896	5 616	12.85	1 777	19 031	8 272	0.079	14.147
2016	913	5 783	13.29	1 825	19 298	8 509	0.082	14.269
2017	925	5 947	13.63	1 872	20 063	8 741	0.082	14.369
2018	933	6 108	14.09	1 919	20 378	8 969	0.084	14.513
2019	939	6 268	14.46	1 965	21 100	9 192	0.084	14.635
2020	943	6 424	14.95	2 012	21 454	9 412	0.087	14.757
2021	945	6 578	15.180	2 057	22 105	9 622	0.086	15.105
2022	950	6 733	15.604	2 104	22 450	9 823	0.088	14.777
2023	956	6 889	15.900	2 151	23 123	10 020	0.088	14.787
2024	964	7 045	16.333	2 198	23 483	10 215	0.090	14.797
2025	973	7 203	16.638	2 245	24 168	10 408	0.090	14.807
2026	983	7 360	17.075	2 292	24 523	10 600	0.093	14.817
2027	995	7 518	17.384	2 339	25 208	10 971	0.092	14.827
2028	1 008	7 677	17.824	2 386	25 566	10 981	0.095	14.837
2029	1 015	7 742	18.135	2 433	26 251	11 171	0.095	14.847
2030	1 020	7 980	18.576	2 480	26 611	11 361	0.097	14.857

从表 5.3 各指标值的预测结果来看，我国水果价格及其替代品蔬菜价格总体水平、进口量、水果总量单产水平、人均可支配收入、出口量、加工率、人口等影响水果总量供需的因素均呈缓慢增长趋势，这符合经济增长的一般规律。

将表 5.3 得出的影响水果总量供需因素的预测值运用到估计出的水果总量供需系统模型，得到 2013～2030 年水果总量的供给量和需求量。必须要说明的是，由于水果损耗率是一个相对随机、难以有效预测的变量，故本研究在设计模型时将其单独列出，视为模型结果的调整因子。参考国家现代农业柑橘产业技术体系柑橘保鲜与贮运岗位科学家程运江教授等专家的调研结果，国内水果从田间地头到餐桌的流通过程中整体的损耗率应该在 20%左右，因此本研究将水果损耗率设定为恒定值 20%，并基于此调整预测结果（表 5.4）。

从表 5.4 可以看到，2013～2030 年我国水果总量供给和需求都会出现逐年增长，但供需差额始终存在。水果的供给量和需求量增长的幅度有所不同，其中供给总量增长绝对量为 8109 万 t，年均增长 3.02%，而需求总量增长绝对量为 8436 万 t，年均增长 3.30%，需求总量的增长快于供给总量的增长，供需基本平衡，供需差额相对比较稳定。供需差额正意味着部分品种的水果销售困难，浪费率高。

表 5.4　水果的供给量、需求量及供需差额预测　　　　（单位：万 t）

年份	2013	2014	2015	2016	2017	2018	2019	2020	2021
供给量	15 783	16 660	17 321	17 971	18 477	19 022	19 456	19 956	20 183
需求量	15 051	16 396	16 928	17 468	17 959	18 491	18 983	19 517	20 048
供需差额	732	264	393	503	518	531	473	439	135

年份	2022	2023	2024	2025	2026	2027	2028	2029	2030
供给量	20 476	20 818	21 198	21 607	22 036	22 485	22 945	23 415	23 892
需求量	20 084	20 349	20 788	21 235	21 796	22 031	22 479	22 987	23 487
供需差额	392	469	410	372	240	454	466	428	405

从影响供需的因素发展趋势上来看（表 5.5），预期水果价格的年均增长率最高，达到 3.39%，说明在物价总体上涨的大趋势下，水果生产者高估了预期水果价格，在预期高价的驱使下增加水果供给。此外，由于整个社会科技水平快速提高，水果生产技能逐年提高，水果总量单产水平年均增长 2.98%；由于消费水平提高及进口关税水平逐渐降低，国外优质、特色水果进口量逐年增加，从而使进口年均增长 2.93%，高于水果总量出口的年均增长率。就影响需求的各因素增长率来看，虽然人均可支配收入增长率较快，达到 2.86%，在一定程度上可刺激水果总量需求，但

当期水果价格的年均增长率也较高，为 2.25%，在一定程度上会抑制低收入家庭水果总量的消费。尤其需要提出的是，水果总量的加工水平偏低，且预测期内增长缓慢，年均增长率仅为 1.70%。

表 5.5　影响水果总量供需的各因素平均增长率　　　　　　　　　　（%）

因素	当期水果价格	预期水果价格	进口量	单产水平	预期蔬菜价格	人均可支配收入	出口量	加工率	人口
增长率	2.25	3.39	2.93	2.98	2.72	2.86	2.84	1.70	0.86

2）苹果供需预测

考虑苹果供需影响因素，采用相同的预测模型对苹果供需进行预测，可以得到 2013～2030 年苹果供给量和需求量，如表 5.6 所示。

从表 5.6 的预测结果可以看到，2013～2030 年我国苹果供给量和需求量都会出现逐年增长，但供需差额基本稳定在 50 万 t 左右。与水果总量的供需形势不同，苹果供需呈现供不应求的局面。苹果加工业发展迅速，苹果汁出口比较旺盛是苹果需求量较大的重要原因。今后苹果供需平衡的关键任务应该是降低损耗，增加有效供给。

表 5.6　苹果供给量、需求量及供需差额预测　　　　　　　　（单位：万 t）

年份	2013	2014	2015	2016	2017	2018	2019	2020	2021
供给量	3128	3218	3323	3420	3526	3629	3737	3844	3795
需求量	3092	3175	3265	3345	3492	3580	3662	3770	3741
供需差额	36	43	58	75	34	49	75	74	54
年份	2022	2023	2024	2025	2026	2027	2028	2029	2030
供给量	3879	3966	4054	4141	4228	4316	4403	4491	4579
需求量	3837	3920	4004	4087	4170	4264	4356	4441	4524
供需差额	42	46	50	54	58	52	47	50	55

注：苹果相对于柑橘、香蕉等水果，具有易保鲜、耐贮藏、加工性能良好等特点，从田间地头到餐桌的流通过程中整体的损耗率应该为 10%～15%，这里仍然按 20%进行计算

3）柑橘供需预测

考虑柑橘供需影响因素，采用相同的预测模型对柑橘供需进行预测，可以得到 2013～2030 年柑橘供给量和需求量，如表 5.7 所示。

从表 5.7 结果可以看到，2013～2030 年我国柑橘供给量和需求量都会出现逐年增长，供需差额相对不大，但有逐年扩大趋势。其中供给总量增长绝对量为 1637 万 t，

表 5.7　柑橘供给量、需求量及供需缺口预测　　　　　（单位：万 t）

年份	2013	2014	2015	2016	2017	2018	2019	2020	2021
供给量	3240	3330	3430	3521	3618	3713	3808	3902	4022
需求量	3234	3318	3422	3511	3609	3698	3794	3876	3980
供需差额	6	12	8	10	9	15	14	26	42
年份	2022	2023	2024	2025	2026	2027	2028	2029	2030
供给量	4118	4212	4307	4402	4497	4592	4687	4782	4877
需求量	4054	4123	4203	4301	4384	4476	4567	4651	4738
供需差额	64	89	104	101	113	116	120	131	139

而需求总量增长绝对量为 1504 万 t，两者相差 133 万 t。作为大宗水果的柑橘而言，未来供需保持相对平衡非常重要，供需存在一定差额反映出柑橘需求相对不足，尤其是较低的加工率（大约 3%）。未来维持柑橘供需平衡的重点在于大力发展柑橘加工，尤其是橙汁等产品的生产。

　　4）香蕉供需预测

　　考虑香蕉供需影响因素，采用相同的预测模型对香蕉供需进行预测，可以得到 2013～2030 年香蕉的供给量和需求量，如表 5.8 所示。

表 5.8　香蕉供给量、需求量及供需缺口预测　　　　　（单位：万 t）

年份	2013	2014	2015	2016	2017	2018	2019	2020	2021
供给量	1267	1316	1364	1409	1454	1498	1541	1584	1646
需求量	1214	1249	1290	1324	1362	1398	1437	1472	1526
供需差额	53	67	74	85	92	100	104	112	120
年份	2022	2023	2024	2025	2026	2027	2028	2029	2030
供给量	1658	1671	1682	1693	1705	1717	1729	1740	1752
需求量	1527	1557	1582	1613	1638	1667	1694	1724	1750
供需差额	131	114	100	80	67	50	35	16	2

　　从表 5.8 可以看到，2013～2030 年我国香蕉供给量和需求量都会出现逐年增长，供需差额不大，但呈先增大后减小的倒 U 形趋势。2022 年左右供需缺口最大达到 131 万 t，2030 年又减少为 2 万 t。从近期看，香蕉需求总量增长的幅度慢于供给总量，可以从影响供需的因素发展趋势上寻找原因，如表 5.9 所示。

表 5.9　影响香蕉总量供需的各因素增长率　　　　　　　　　　（%）

项目	当期香蕉价格	预期香蕉价格	进口量	单产水平	预期蔬菜价格	人均支配收入	出口量	城镇化率	人口
增长率	3.00	2.94	2.73	1.05	2.72	2.86	−5.56	1.95	0.86

从表 5.9 影响香蕉供需的各因素增长率来看，进口量增长较快，增长率达到 2.73%，而与之相反，香蕉未来出口形势不容乐观，出口量连年下降。因此，未来实现香蕉供需平衡的关键在于增加出口。

5）梨供需预测

考虑梨的供需影响因素，采用相同的预测模型对梨供需进行预测，可以得到 2013～2030 年梨的供给量和需求量，如表 5.10 所示。从表 5.10 可以看到，2013～2030 年我国梨供给量和需求量都会出现逐年增长，但供需差额呈逐年减小趋势，2030 年左右供需实现基本平衡。其中供给总量增长绝对量为 242 万 t，而需求总量增长绝对量为 536 万 t，供给年均增长 0.94%，需求年均增长 2.60%，需求增长速度远远高于供给的增长速度。

表 5.10　梨供给量、需求量及供需缺口预测　　　　　（单位：万 t）

年份	2013	2014	2015	2016	2017	2018	2019	2020	2021
供给量	1510	1540	1562	1580	1595	1609	1622	1635	1646
需求量	1214	1249	1290	1324	1362	1398	1437	1472	1526
供需差额	296	291	272	256	233	211	185	163	120
年份	2022	2023	2024	2025	2026	2027	2028	2029	2030
供给量	1658	1671	1682	1693	1705	1717	1729	1740	1752
需求量	1527	1557	1582	1613	1638	1667	1694	1724	1750
供需差额	131	114	100	80	67	50	35	16	2

6）预测结论

水果总量及各主要水果供给量、需求量及价格三者之间存在相互制约的动态演化关系，它们分别还受到其他外生变量或前定的影响，如供给量受到进口量、单产水平及替代品预期价格等因素的影响，需求量受到人均可支配收入、出口量、加工率、替代品价格及人口规模等因素影响，当期价格受到上期价格、进口量、出口量及替代品价格的影响。

对水果总量及各主要水果供需趋势进行预测发现，2013～2030 年水果总量及各主要水果供给量和需求量均会呈显著的增长趋势。其中，供给增长主要来源于生产者对预期水果价格的高估、进口量的增长及单产水平的提高，而需求增长主要来源于人均可支配收入的提高和出口量增长，加工水平低且其增长率缓慢是制约水果需求增长的重要因素。

由于供给影响因素的增长率普遍高于需求影响因素的增长率（苹果除外），未来若干年内水果产业整体上供大于求的局面会逐年显现，供需平衡的局面将会被打破。当然，苹果、柑橘、香蕉等大宗水果的供需矛盾相对缓和，但仍需要从影响供需的各要素着手探寻相应对策，以实现未来我国水果产业的可持续发展。

3. 结论与讨论

结合基于趋势外推法和基于价格联动模型系统的预测结果，我们发现，无论采用何种预测方法，关于中国水果未来供需形势的基本判断是一致的，即中国水果供需在未来十几年内处于总量基本均衡、供求差额不大的总体局面。如果水果种植面积继续按现有速率扩大，则供过于求的矛盾将会显现。因此，从长期来看，水果种植面积不宜继续扩大，应该考虑稳定现有面积、改善水果种质、优化水果生产布局、淘汰生产效率低下的果园，这是未来水果生产的发展方向。此外，加工率低、出口量少等也是值得关注的因素。

六、园艺产业可持续发展的国际经验分析与借鉴

（一）要素资本化公司经营模式的经验与借鉴

要素资本化公司经营模式以美国最为典型，以美国水果产业为例，其发展特点及经验如下。

1. 生产区域化、专业化、规模化

区域化布局、专业化和规模化生产是美国水果生产最基本的特点。不同品种水果被安排在合适区域种植，合理配置生产区域的做法一方面使得自然资源得到合理利用，另一方面提升了果品的品质。例如，华盛顿州适宜苹果生长，其苹果产量占美国苹果总产量的50%。目前，华盛顿果农户均种植面积约为50acre（304亩），实施专业化的生产，布局区域化和生产专业化使苹果成为该地区的主导产业，并带动了配套设施的发展。

2. 经营产业化

农、工、贸一体化和产、贮、加、销配套化是美国水果产业呈现出的一个重要特点，配套有各种机械、气调库、冷库、选果包装间等多种设施。①在生产及收割环节，运用机械播种、收割；运用有背带、可挂在脖子上的采果袋和采果梯等进行采收。②在运输及储运环节，首先用大木箱装果品，运用小四轮车和叉车将水果运至集中点，再用专门装大木箱的汽车及时将水果运到贮藏库。进库前需要先用药水冲洗，然后进冷库或气调库贮藏。③在销售环节，在销售前，运用机械生产线将果品清洗、打蜡、贴标、分级、装箱；分级线自动淘汰达不到国际特优、优、一级三个等级的果品，将被淘汰的果品运到果品加工厂，加工成果酱、饮料、浓缩果汁等。整个水果产业链各环节间相互衔接、相辅相成，形成利益共同体。

3. 管理优质化

为了提高果品质量，美国果园的栽植密度较为合理，果树品种优良纯正，而且实

行无公害栽培。管理的优质化尤其体现在质量安全管理上：①果农的质量意识较强，按果品成熟度分期适时采收果品，保证被采果品成熟但不过熟。②政府对果品质量实施特别严格的管理，如在果品运销之前或上市时食品药品监督管理局对质量安全进行检验；环境保护部要求果农将农药残留量控制在最低程度。③实施要求严格的果品气调贮藏。在华盛顿州，只有气调库获得州农业部门颁发的执照操作人员才能将其投入使用。正是由于严把质量关，华盛顿州的苹果以质量闻名，畅销全世界。

4. 服务组织社会化

美国果业服务组织类型多样：①研究机构设立的技术服务站，如华盛顿州立大学就在全州设立了16个技术服务站，从果品产销实践中提炼研究课题，每个技术服务站有研究人员 1 名，研究人员从事应用研究和技术推广工作，负责对果品公司员工、果园工人和包装间的技术人员进行培训和指导。技术服务站每年至少召开两次会议，3 月的会议一般交流果园管理技术，12 月的会议交流果品采后处理信息。②果品包装加工企业。果品包装加工企业吸收果农入股，组建股份制公司，使公司和农户联结为利益共同体，果农以向公司送来的加工果数量作为确定股份的依据，按股份分红。③行业协会组织，如华盛顿苹果协会，该协会派驻宣传人员利用公关、广告等方式对该州的苹果进行宣传。

5. 设施现代化

美国大型果园的现代化设施包括：①微喷灌溉系统。根据树体需要，适时适量灌水，也可结合施肥。②柏油马路。与主干道联结成网，四通八达。③电力设施。果区电力充足，保证各种电动机械的正常运转。④果业配套设施。果品清洗、打蜡、贴标、分级、装箱、加工、运输、销售等一系列世界一流水平的设施。这些现代化的设施为水果产业发展提供了良好物质支撑。

6. 高水平研发的强力支撑

美国园艺产品的科技研发长期处于世界领先地位。除进一步提高防治园艺作物病虫害和改进种植技巧等常规种植技术的科技攻关外，美国园艺科研机构还重点开展了以下两方面的科技研发：一是加强新品种尤其转基因园艺品种的研发，同时，对即将推广的每个新品种或新技术都要进行严格的安全性能检测及风险评估，以确保转基因园艺作物对人和环境无害；二是加强了对提高园艺产品所含营养物质的研究，以提高类胡萝卜素含量、改进矿物质成分的组成、增加其他促进健康的化合物等。例如，番茄、越橘和猕猴桃是美国的三大主要园艺作物，美国拥有近550个番茄等三大园艺作物的许可专利，已释放的转基因园艺品种就达3088种，通过出售专利及转基因种苗，美国科研机构及相应的种苗培育机构获利颇丰。为了鼓励和促进蔬菜和水果的品种研发，提高其产品的全球竞争力，2004年12月，美国开始实行《特种作物竞争法》（*Specialty Crops Competitiveness Act*），以拓展和保护美国特种作物的国际市场份额。

（二）资本密集型生产模式的经验与借鉴

以色列国土面积很小，人口约为600万人，但是其园艺产业比较发达，尤其花卉产业在世界上具有重要地位，主要得益于高新科技的运用。以色列地处地中海东岸，属于典型的地中海型气候：夏季炎热干燥，冬季温和多雨。气温由北至南，夏季23～45℃，冬季10～17℃。年降水量为40～920mm，主要集中在冬季，大部分地区属于干旱和半干旱地区。整个国土淡水资源严重缺乏。土壤以砂土和砂壤土为主，保水和保肥普遍很差。举世闻名的滴灌节水技术就是在这样的条件下由以色列人开发的。目前滴灌技术在以色列已被广泛推广，灌溉面积占总面积的90%以上，这些由电脑自动监测作物生长情况的节水灌溉方法的滴灌效果精确可靠，节省大量人力和水资源，大大提高了以色列水资源的利用效率。据了解，自以色列建国至今，在单位耕地用水量不变的情况下，其农产品产量增长了12倍。以色列的花卉生产主要集中在年降水量只有200mm的半干旱地区。

1. 市场定位准确、气候资源利用科学

关于花卉的市场定位，以色列人考虑到国内消费容量有限，将国际市场作为本国花卉产业长远发展的目标，并将重点放在欧洲市场。他们认为：欧洲是世界三大花卉消费中心之一，也是世界花卉贸易中心，以色列距离欧洲较近，空运时间只有3～4h。花卉作为对鲜度要求极高的产品，距离销地近是非常重要的优势；同时，欧洲的花卉生产以荷兰为中心，但是荷兰花卉生产的气候优势在夏季，冬季则是他们的花卉生产淡季。由于以色列纬度比荷兰低，冬天比荷兰等国家温暖，且以色列阳光充足，冬季

适合种植花卉，因此冬季只要进行简易的覆盖，便可以进行花卉生产，从而能够抓住欧洲花卉市场冬天供应偏紧的市场空白。于是，以色列人便抓住了头年10月到第二年4月这一从晚秋至早春的市场良机。在气候资源的利用上，他们因地制宜，根据气候条件的不同生产不同的花卉。例如，在海拔1000多米、气候冷凉的戈兰高地种植山龙眼科植物；而在南部半干旱地区则主要种植百合、补血草等；中部平原主要种植月季、香石竹等；中部丘陵则主要种植八角金盘、海桐、一叶兰等切叶植物。准确的市场定位和气候资源的充分利用，使得以色列的花卉产业快速起步并获得飞速发展。

2. 顺应市场需求，发展特色花卉

以色列能成为世界第三大花卉出口国的原因之一，就是他们能够充分发挥科技优势，顺应市场需求及时调整花卉主导产品。以色列最初的花卉生产定位是以大宗花卉为主。直到1984～1985年以色列出口的花卉中香石竹仍占45%，月季占12%，满天星占17%。但是，近20年来花卉生产格局在世界范围内发生了变化，突出表现在发展中国家花卉产业的迅速崛起。发展中国家低成本、高质量的花卉进入国际市场后，对传统花卉生产国产生了巨大冲击。面对发展中国家花卉产业的竞争，以色列引进开发新的花卉品种，通过产品差异化策略保持自身花卉产业在国际市场上的地位。以色列以国际市场需求为基础，专门从南非等国家引进新的野生花卉品种，进行种质改良并大力推广，逐步缩小传统花卉的比例份额，培育诸如银莲花属花卉、蛇鞭菊属花卉、蜡花、福禄考属花卉、补血草属花卉、一枝黄花等新型的花卉品种。传统花卉生产比例的下降和新型花卉生产比例的逐步上升逐渐使以色列本国花卉品种和国际市场品种有了区别，既避免了国际花卉市场的激烈竞争，又保持了本国花卉产业的可持续发展和强有力的竞争力。

3. 专业化、规模化生产体系

以色列的花卉企业结合自身所处地区的自然资源禀赋，抓住市场空白，大力发展适合本地区的一至两种花卉，形成了专业化的花卉生产格局。专业化生产的好处在于有利于具体花卉品种产业规模化的形成，降低生产成本。专业化、规模化的花卉生产强化了本地区花卉产业的凝聚力，花卉产业集聚降低了整个花卉产业链的运行成本，有利于品牌知名度的提升。例如，以色列最大的月季种植基地位于拉黑石地区；而谢米香石竹种苗公司单一生产香石竹种苗；满天星、紫菀种苗的繁育主要以丹兹格尔种苗公司为主（高俊平，2001）。某几个花卉品种的专业化生产也有利于该花卉品种的良种繁育等技术的深化发展，以质量为基础，更有利于提升本地区花卉产业知名度和美誉度。此外，针对某个花卉品种的分级、包装和运输方式也呈现出差异化的特点，最大限度地保证了花卉的流通效率，降低了花卉流通销售过程中的损耗率。

4. 高效的花卉产品出口体系

花卉产品易腐，对物流要求高，以色列的花卉产品一般通过农产品出口公司代理出口。大型的农产品出口公司一般都有大型的冷藏设备，物流系统高效。例如，在1956年建立的 Agrexco 公司，为以色列第一家农业出口公司，该公司就在特拉维夫本古利安机场建有大型的冷藏设备，尽可能降低花卉出口因在机场等候滞留的损耗；无论是通过海运还是空运，该企业的运输设备都有完善的冷藏设备，降低了运输过程中花卉的损耗率。此外，该公司上游直接连接大的花卉包装商，下游的农产品出口市场也较快捷，距离较远的诸如日本、中国香港、美国、加拿大等都是采用空运。

5. 周全的技术推广服务体系

以色列有专门负责花卉产业的政府部门，农业与农村开发部的推广服务中心设有花卉处，各地区的推广服务部门也配备有专门的花卉专家（高俊平，2001）。花卉处和花卉专家的主要职能是联系花卉种植者，为种植花卉的生产者提供技术指导，工作是否有效取决于政府和种植者的评价。花卉专家职能的有效发挥在于花卉专家的独立性，这些花卉技术的指导和推广者的工资和费用来自政府，且其向花卉生产者提供的服务完全是免费的，也不准他们从事与农资有关的经营活动。花卉专家的独立性保证了他们推广花卉技术的客观性和有效性，促进了花卉技术的优胜劣汰，推动整个花卉产业的技术创新。

（三）典型小农经济生产模式的经验与借鉴

日本属于典型的人多地少的国家，人口约为 1.27 亿人，资源比较贫乏，山地和丘陵约占总面积的 80%，多火山、地震。全国耕地面积约为 500 万 hm²，占国土总面积的 13.5%，主要种植水稻、小麦、大豆、蔬菜、水果、花卉和饲料作物等。日本早就完成了工业化，现在其城市化率达到 95%，并且农民人均收入普遍高于城市人均收入，所以日本的农业是比较成功的典型小农经济。经过第二次世界大战后几十年的发展，日本农业已经基本完成了从传统农业向现代农业的转变。表现在如下几方面：一是农户数量减少、经营规模有所扩大，1960 年日本农户约为 606 万户，2010 年降为 253 万户，但经营规模逐渐扩大，如番茄种植农户的平均种植面积由最初的不足 $0.01hm^2$ 扩大到 $0.03hm^2$ 以上，扩大了三倍以上；白萝卜的户均种植面积则从 $0.01hm^2$ 扩大到现在的 $0.13hm^2$ 左右，是原来的 10 倍以上。二是生产高度机械化，日本国内的蔬菜种植大多是集中育苗，有效地利用工厂化育苗设施，从耕地、作畦、铺膜到定植、采收，以及田间施肥、灌溉、除草、喷药等多利用各种机械进行作业，机械化程度相当高。甚至连很难进行机械化收获的番茄及草莓也开发了机器人帮助采收。三是国产蔬菜商品化，虽然日本国内蔬菜种植面积和产量逐年下降，进入市场销售的数量也逐年递减，但上市量占总产量的比例略有上升，2007 年的上市总量为 1222.9 万 t，占总产量的比例为 82.8%，2011 年蔬菜上市总量为 1129.7×10^3t，占总产量的 83.6%。这主要是由于日本国内消费者对食品安全的需求较高，而国产蔬菜的品质都远远高于进口蔬菜，因此国产蔬菜大多都直接销往大型百货商场或超市的鲜食市场上，销售价格较高，在价格机制的促动下，农户蔬菜上市的积极性也较高。四是加工品为市场主要消费产品，日本食品消费以加工品为主，原始形态的初级农产品在日本城乡各类消费市场上已经很少见到。加工食品占食品总量的 90%。五是流通渠道多样化，蔬菜及水果等园艺产品的基本流通渠道为生产者（农户）→收购商［以农民协会（农协）为主］→批发市场→销售商（超市或专门的蔬菜店），约有 76% 的蔬菜和 47% 的水果是按照这一途径通过批发市场销售的。但同时，不经过批发市场，从生产者或收购商（农协等）直接进入大型超市的数量也越来越多；另外随着物流业的快速发展，从生产者直接送到消费者手中，以及"地产地销"等各种新的流通渠道也迅速发展起来。

日本能够顺利实现由传统农业向现代农业的转变主要得益于以下几个方面。

1. 政府的政策性支持与保护

确保蔬菜安全和稳定供给始终是日本农业极为关心的议题，为了保护蔬菜产业的健康发展，日本政府制定并采取多种政策措施。1961 年制定的《农业基本法》是日本对农业支持和保护的基础，随着国内国际形势的发展变化，该法不断地得到修订。以该法为依据，在日本逐渐形成了以价格支持保护为主的农业保护政策体系，日本政府每年用于补贴农业的资金数额巨大，是世界上有名的"高农业补贴"国家之一。日本实施的农业保护政策主要包括：一是实行价格支持政策，如指定蔬菜价格安定政策，是指当指定的蔬菜产地（全国 950 个指定产地）生产的指定蔬菜（包括卷心菜、黄瓜、萝卜等共 14 种蔬菜）的价格下跌时，满足一定条件的蔬菜生产者可从政府获得直接的货币化补贴（蔬菜价格差补贴金）的制度，这不仅可以缓和价格下跌对农户生产经营造成的不良影响，还可以稳定全国的蔬菜生产和供应；二是实行国境保护，日本政府对本国蔬菜产业的贸易保护，采取的是关税保护与非关税保护相结合，在多样关税的基础上，加强非关税措施的隐形保护，其中最重要的政策影响集中在技术性壁垒类保护政策及其措施上，主要体现在检验检疫制度和程序、农药等农用化学品残留等技术性标准的设置、绿色包装制度、标签标志制度、各类认证准入制度等方面。

2. 鼓励发展兼业化农户

进入 20 世纪六七十年代，由于工业经济的高速增长和城市化进程的加快，大批日本农业劳动力由农村向城市转移，在农业中就业的劳动力数量占总劳动力数量的比例迅速下降，从 1947 年的 55% 下降到目前的 4% 左右。为解决农业劳动力不足的困局，日本政府制定政策鼓励非农业人员兼业从事农业生产，鼓励农产品加工企业投资农产品种植。例如，在某些地区，政府还对兼职农业的人无偿提供 5 年的土地使用权和免息贷款，为兼业农户提供良好的就业环境，这是日本保持农业相对稳定的重要制度性因素。

3. 充分发挥农协的作用

在日本由传统农业向现代农业的转变过程中，日本农协发挥了至关重要的作用，可以说，日本农协的发展是日本第二次世界大战后迅速解决食品短缺问题和农业走向全面发展的重要力量。日本农协兼具两方面的属性，首先其具有合作社的性质，是农民自愿联合组织起来的组织，代表着日本农民的利益；其次其是政府推广农业技术、传播农业政策的重要的中介机构，是政府联系日本大多数农民的关键纽带。作为日本农民的组织，农协代表的是日本农民的利益，服务的对象集中在协会中的农民。无论是组织农业生产，筹集生产基金，还是田间管理和技术指导，以及后期的农产品包装分级、贮藏、销售等，都离不开农协的作用。农协的存在可以降低农民的生产成本，提高农业技术的推广效率，加快农产品的销售。随着社会的发展，日本农协也遇到了一些问题，如经营体制上，对内，各种业务经营不善，亏损严重；对外，政府的支持力度减弱，面临市场化的竞争，内忧外患也迫使日本农协重新思考进一步改革发展之路，在新环境下，如何更好地发挥其本职作用，是其需要深度思考的问题。

4. 强化科技教育对农业的支撑力度

日本政府对农业研究与开发非常重视，其农业科研投入基本由国家主导，国家农业科研投入金额巨大。2003 年，中央农业综合研究所获得来自国家投入的研究经费就高达 46 亿日元，农林水产省下属的一个综合食品研究所 2003 年从农林水产省获得的研究经费也有 24 亿日元。由于农业科研投入由国家主导，因此农业科研单位被要求承担普及、推广科研成果的义务，将农业科研成果无偿提供给农业生产者，并且无偿地为农业生产者提供技术服务与培训。日本还非常注重对农业专门人才的培养，一方面通过给予高薪聘用具有研发能力的高级人才；另一方面采取少收费或不收费的办法鼓励高中毕业生报考农业大学，确保农业经济发展所需的合格人才。除此之外，在农村，政府还通过农协等机构经常对农民进行培训，提高农民的职业技能，并且已经形成了一套比较完善的农民职业培训制度体系。

（四）典型的出口型生产模式的经验与借鉴

荷兰园艺产业发展历史悠久，园艺产业现已成为农业的支柱产业，在荷兰农业总体结构中占38%，其出口贸易额比例占世界园艺产品贸易总额的近 1/6。据统计，荷兰的花卉观赏植物类园艺产品产值 2012 年达到 235 亿欧元，蔬菜水果类产品产值为 68.4 亿欧元，创造了很好的园艺生产效益，世界花卉市场上有近 2/3 的鲜花由荷兰提供。从功能上讲，荷兰的园艺产业发挥着物质生产、文化传承、环境美化、休闲娱乐等多种功能，以花卉为代表的园艺产业，实现了经济效益、社会发展、文化价值的完美结合。

荷兰园艺产业具有高度外向型经济特点，生产的园艺产品在满足本国消费需求之余，多数出口到欧洲各国，荷兰的最终园艺产品六成以上出口到国外，整个园艺产品出口量占全国农产品出口总量的 23%左右，其中德国是荷兰最大的园艺出口国。21 世纪以来，荷兰农产品年净出口额一直仅次于美国，居世界第二位，常年保持在 150 多亿美元，约占世界农产品贸易市场份额的 11%。花卉和蔬菜是荷兰最重要的园艺出口产品，2012 年荷兰花卉出口占欧洲市场的近 70%，占国际花卉贸易的六成，总额达 48

亿欧元（当时约 66 亿美元）；荷兰已经成为观赏园艺产品的国际贸易中心，阿斯梅尔（Aalsmeer）鲜花拍卖市场是世界最大的鲜花拍卖市场。荷兰蔬菜生产的年产值占荷兰农业总产量的 7.5%，产值为 8.7 亿欧元（当时约 12 亿美元），其中 75% 用于出口。得益于其在蔬菜育种研发方面建立和积累的技术优势，荷兰还是世界四大种子出口国之一，荷兰的 Cebeco 是全球最大的种子公司之一，包括中国在内的世界 100 多个国家都进口其选育的蔬菜种子。

1. 坚持规模化经营、产业化发展

荷兰园艺产品的生产基本是以农户为单位的家庭农场来完成的，全国约有 12 万个家庭农场。在欧盟成员国中，荷兰园艺农场的种植规模是最大的，受益于农场的规模化经营和专业化生产，荷兰农场生产具有较高的效率，使其园艺产品在国际市场上具有较高的市场竞争力。据了解，两个方面的推动力量在荷兰农场规模化的实现过程中发挥了重要的作用：一是市场机制的作用，导致农场的优胜劣汰。近年来，市场机制的作用使生产资料向大型农场集聚，专业化程度不断得以提高，市场份额被少数大型农场占据，农场数量不断减少，并且大型农场的规模还呈现出进一步扩大的趋势。据荷兰农业部门的预测，在未来的 10～15 年，小型农场会在激烈竞争中因难以为继而被淘汰，预计这一比例将达到 40%。二是政府的推动。为了实现农业规模化、集约化经营，提高土地利用效率，荷兰政府出台了一系列政策措施，加快了农场规模化经营的进程，如对自动放弃经营农场的农民和提前退休的农场经营者给予补贴。

作为园艺产业化高度发达的国家，荷兰的农业分工很细，每家园艺农场一般只生产一到两个品种，2012 年，从事专业生产的各类园艺农场占荷兰农场总数的 57.2%。生产高度专业化使荷兰的园艺产品高度商品化，商品率接近 100%。服务社会化是荷兰园艺产品生产的另一个特点，园艺产业专业合作组织等各种载体完成了园艺产品研发、生产、加工和销售等各个环节，实现了精细的社会化服务。管理的企业化是荷兰农场的又一个显著特点，荷兰园艺农场都依法注册为经营性公司，作为独立的法人实体，具备独立的经营决策自主权，以追求利润最大化为目标，按企业运作方式进行科学管理和独立的成本核算。

荷兰园艺产业尤其是花卉产业，无论是单位土地上技术、资金的投入还是设施设备等生产资料的投入，所占比例都十分高。荷兰耕地资源稀缺，为了在十分有限的土地上发展高效园艺产业，荷兰结合自身实际找到了一条独特的发展道路。发展设施园艺就是发展高效园艺产业的一项重要措施，通过设施园艺，实现了用资金替代土地。温室栽培种植技术是荷兰在世界上享有很高声誉的一种栽培技术，在荷兰，大部分花卉、蔬菜、水果等园艺产品都采用温室栽培。高投入、高产出使荷兰有限的土地产生了巨大的经济效益，体现了用资金替代土地和集约农业的特点。

2. 创建高效园艺供应链

荷兰坚持以市场为导向的特色园艺产品生产的发展道路，创建了高效一体化的园艺产业供应链，实现了育种、繁育、栽培、加工、包装、贸易等全产业链各环节的有机结合，提高了荷兰园艺产品的增值能力、比较效益和综合竞争力。大学及科研机构与种子公司紧密合作，为种子研发提供技术支持；社会化的农业技术机构为家庭农场生产全过程提供技术指导；花卉蔬菜园艺公司为家庭农场提供种子、肥料、温室设备等生产资料；家庭农场按照市场需求的产品种类和规定的质量要求进行生产，鲜花蔬菜分销零售机构定向提供"高度商品化"（不同于初级农产品，如鲜花要进行预处理、精美包装等环节）的产品；而产品种类、包装、上市、展示计划及调研客户需求等则由专业的销售组织负责考虑，同时专业销售组织还为家庭农场提供咨询建议，指导花卉生产；荷兰很多拍卖中心作为花卉合作社销售组织的代表，与大量超市等零售分销机构展开全面合作，合作社与拍卖市场结合的营销模式使园艺产品的生产与销售无缝衔接，实现了园艺产品的快速分销。

3. 保障园艺产品质量安全

荷兰建立了较为完备的园艺产品质量监测监控体系和园艺安全认证体系。为规范园艺产品市场，保证产品质量，荷兰制定了欧洲零售商协会农产品工作业良好农业规范〔Eurep-GAP（Euro-Retailer Produce Working Group，Eurep）〕质量管理体系，它是针对花卉、果品、蔬菜等园艺产品生产者制订的一项基础性标准，园艺产品只有达到此标准，才能够进入拍卖市场和零售超市；Eurep-GAP 园艺安全认证体系对园艺产品实行全程监控，贯穿了从种植者到购买者的每一个环节，实现了零售商和生产者利益的统一，达到了食品安全溯源的目的，加强了对园艺产品生产的过程控制和安全溯源。

4. 重视园艺产业科技研发与合作创新

荷兰园艺产业科技水平很高，是工业装备农业、辅助工业与农业高度一体化的典型代表，包括生物育种、有机肥料生产、园艺设施设备制造和温室控制系统等在内的园艺关键技术为农业发展提供了支撑。荷兰园艺产业杰出的基础研究和技术研发能力，在世界园艺界享有盛誉。荷兰园艺科技界高度关注温室清洁能源生产、天然园艺产品物质提取、植物发电、花卉即时供应等温室园艺研究前沿，在温室生产设施及系统集成、加温节能设备及控制技术、栽培种植技术、肥水及过程管理、物流运输等多个方面，荷兰始终居于领先地位，吸引了世界各地园艺科技工作者的目光。温室园艺是荷兰园艺产业的主要生产方式，工厂化温室生产技术在荷兰园艺作物生产中被普遍运用，先进的温室制造工艺、完善的园艺设施设备、自动化控制的生产方式、高效的园艺产业链组成荷兰温室园艺产品工厂化生产的技术体系。荷兰的温室园艺作物生产以机械化和自动化的设施栽培为主要特点，温度与湿度管理、光照管理及施肥喷药等生产过程均实现了网络化管理和自动化控制。目前，荷兰用于蔬菜生产的玻璃温室约为 $4500hm^2$，大面积设施园艺使得蔬菜种植类似食品工厂流水线生产，一方面大大提高蔬菜生产效率，另一方面既降低了蔬菜生产对于自然环境的依赖程度，又减小了蔬菜育种、繁殖、栽培、种植的风险（如雨雪冰雹、病虫害蔓延）。

机制创新、合作共赢成为荷兰园艺快速发展的关键因素。通过大力培育农业合作组织，荷兰形成了较为完备的农业社会化服务体系，进而促进了园艺产业一体化的发展。荷兰高度重视建立完善农业科研、教育和农业技术推广服务网络，不断强化科技对农业发展的支撑，建立了高效运行的农业技术推广创新体系。园艺农场、企业、大学和研究中心形成了教学、研究与推广三位一体的知识创新体系。例如，在荷兰，学校与企业展开全方位的合作，科研机构近50%的研究课题和研究经费来自于企业，根据园艺产业发展需要和园艺市场的需求，学校有针对性地培养专业技术人才，输送到园艺产业中；学校还针对企业及园艺农场的技术需求有针对性地组织研发和技术攻关。园艺行业各环节、各组织密切配合，共同展开技术研发、国际市场调研和对产品的联合上市推介等工作，促使了创新技术快速传播，共同推动荷兰园艺产业的发展。荷兰的大学及科研机构面向市场而不是依赖政府财政经费支持的做法，一方面为市场提供了技术服务，解决了其生产经营过程的技术难题，另一方面大大提高了自身的科研能力。

5. 实行独特的园艺经营管理模式

"（拍卖）市场体系+（生产）公司"是荷兰最重要的园艺经营管理模式，其快速、高效、完善的运行机制，是荷兰花卉产业化发展的重要动力源泉，为荷兰园艺产业的成功奠定了基础。在所有市场体系中，合作拍卖市场是最重要的，也是最主要的市场，建立合作拍卖市场是荷兰的一项重要创举，具有悠久的历史和成功的经验。拍卖市场的最大优点就是交易效率高、交易成本低、方便快捷，在数小时内，交易的全部流程即可全部完成，对于容易变质腐烂的花卉等新鲜园艺产品而言，能够及时快速地将产品推向市场。依托合作拍卖市场这种分销方式，实现了园艺产品产供销一体化，为花卉等园艺产品建立了快速分销平台。据统计，2013年荷兰规模以上的大型鲜花拍卖市场就有7个，成交金额1亿美元以上的拍卖行达到58个。在荷兰，家庭农场生产的80%～90%的鲜花、水果、蔬菜等园艺产品都是通过拍卖市场销售的。

（五）国外园艺产业发展对我国园艺产业可持续发展的启示

1. 大力发展现代园艺产业

不同于人们传统所认为的"种花、种果、种菜"，园艺产业的范畴已有了较大的延伸，一般认为现代园艺产业已发展为涵盖了规划设计、产品研发、栽培育种、技术推广、贮藏加工、包装运输、市场营销、经济管理等全方位内容在内的现代农业产业。现代园艺产业要求长期规划，适地适栽；采用精细化、高质量、一体化的生产模式；以消费者的需求为导向不断研发、更新产品；以先进科学的栽培管理技术确保产品安全和营养保健；以贮藏、保鲜、加工技术提高产品的附加值。同时现代园艺产业还要求充分利用国内和国际两种资源、两种市场，充分发挥国际贸易在产业发展中的作用。发达国家园艺产业的发展无一不是突破传统园艺产业的局限，大力发展现代园艺的结果。

2. 充分发挥政府的支持和引导作用

从世界各国园艺产业发展的经验来看，几乎所有的政府在现代园艺产业的发展过程中都扮演着非常重要的角色，通过制定相关的支持和保护政策对园艺产业的发展加以支持和引导，如日本制定《农业基本法》，美国政府采取休耕计划、农作物保障计划等。从各国政府对园艺产业的支持和引导的内容来看，政府的支持和引导主要体现在三个方面：一是对园艺产业科学研究加以支持，努力使本国园艺产业科研水平保持一个较高的水准；二是通过各种政策手段引导开展产业结构调整，如以色列政府在 20 世纪 90 年代通过引进、驯化优良品种引导花卉结构调整；三是通过制定政策强化对园艺产业发展的支持和补贴，如日本的《农业基本法》。

3. 培育有一定竞争能力的市场经营主体

园艺产品在各个国家都是市场化程度较高的农产品，拥有一批具有一定竞争能力的市场经营主体是园艺产业健康和可持续发展的基础。因此各国都比较注重对市场主体的培育。在这一方面比较典型的是日本：为了解决小农户和大市场的对接问题，日本政府采取了一系列的措施培育农协，无论是税收，还是价格、信贷、流通及设施等其他方面，农协都享有很多优惠政策。例如，税收上日本农协法人采用的是特殊税制。相比于一般企业的所得税（40%）和事业税（12%），农协所得税率为 23%、事业税率为 8%（张岳恒和林向勇，1999），农协所承担的税率远远低于一般企业。在荷兰园艺产业的发展历程中，政府在推动农场规模化经营方面也发挥了非常重要的作用。

4. 坚持专业化、规模化、市场化发展方向

各国园艺产业发展过程中，都始终坚持专业化、规模化、市场化发展方向，表现在生产规模较大，能够实现规模经济、产业集中度较高、根据市场需求调整生产布局等。例如，在美国，华盛顿州生产了全美 50% 的鲜食苹果，加利福尼亚州生产了 60% 的美国蔬菜；在日本，单个农户的种植规模也有所扩大；荷兰园艺农场的面积及种植规模也有进一步扩大的趋势，每个园艺农场一般只生产一两个品种，57.2% 的园艺农场从事专业生产；在以色列，在 20 世纪 90 年代大力开发花卉品种，丹兹格尔种苗公司主要以生产和繁育满天星、紫菀种苗为主，以应对国际花卉市场需求的变化，而拉黑石区是以色列最大的月季种植基地。

5. 加快科技创新和推广

美国、以色列、日本、荷兰等国现代园艺产业发展的经验告诉我们：科技创新是

现代园艺产业可持续发展的源动力和基本保证。科技创新可为现代园艺产业可持续发展提供先进的技术装备、高产的种子、科学的栽培模式和管理手段。发达国家在园艺产业发展过程中没有不重视科技创新和推广的。美国以教学科研单位在果区设立的机构为核心建立了技术服务网络，仅华盛顿州立大学就在全州设立 16 个研究推广中心；日本基本实行的是以政府投入为主导的农业科研投入体系，农业科技具有一定的公益性，并建立起了较完善的农民培训机制；荷兰的农业推广、科研和体系较为发达，荷兰的农渔部直接管理农业教育，体系健全，分工明确；滴灌技术的开发与推广则更是为以色列园艺产业的发展做出了巨大的贡献。

七、我国园艺产业可持续发展战略构想

（一）战略定位

无粮不稳、无蔬不康、无肉不富、无棉不贵。园艺产业是市场化程度较高、关系国计民生、保障城乡居民营养健康和增加农民收入的重要农业支柱产业。经过了20多年的高速发展，到2011年，园艺产业已超过粮食成为我国种植业的第一大农作物产业，在保障城乡居民消费和营养需求、增加农民收入、拉动城乡就业和平衡农产品进出口贸易4个方面发挥着重要作用。园艺产品富含丰富的对人体生长发育、正常代谢起到重要作用的矿物质和维生素，因此，园艺产业是保障城乡居民营养健康的重要支柱产业。

现阶段我国园艺产业仍然处于传统产业或刚刚开始由传统产业向现代产业过渡阶段，在今后10～20年，我国园艺产业发展的重点就是顺利地完成传统产业向现代产业的过渡，即逐步实现用现代工业、现代科学技术、现代经营理念等武装产业，促进产业快速转型升级，向现代园艺产业发展。

（二）战略目标

1. 总量基本平衡，产品自给有余

园艺产业关系国计民生，具有需求量大、产品季节性强和不耐储运的特点，决定了我国主要园艺产品的供应必须依靠国内生产。园艺产品供给不仅要保障城乡居民日常消费，还要保证为国家工业化提供充足的原料供给，以及国际出口贸易需求。同时，园艺生产受自然条件影响，自然风险较大，年际产量具有一定的不确定性，因此产量应该保持比需求略高的水平，自给略有余。

2. 市场相对稳定，品种丰富多样

周年均衡供应、区域调运合理、品种丰富多样、价格相对平稳、波动幅度小，是

园艺产业发展的目标。通过合理地搭配早、中、晚熟品种，提高园艺产品的商品化处理能力、保鲜贮藏能力，延长产品上市期，以及发展园艺产品加工业、流通业及相关服务业，保证园艺产品市场的稳定，避免园艺产品市场的大起大落。

由于人们收入水平的提高，人们对园艺产品的消费需求呈现出越来越多样化的特点，因此园艺产业的可持续发展必须满足人们对园艺产品的这一需求变化趋势。品种丰富多样要求保障在任何时段、任何地点城乡居民都能在市场上购买到各种各样的园艺产品。

3. 人与自然和谐，产业发展持续

园艺产品生产要求能够实现人与自然的和谐共处，不破坏产地的土壤、水资源、植被等自然条件，菜农、收购商、零售商等各个产业链主体都能获得合理、稳定的利润。保持自然生态、资源条件和产业链生产与经营的可持续发展。

4. 生产布局合理，流通畅通高效

合理生产布局的实质是充分发挥不同地域的比较优势，使各种资源能够产生更大的使用效率。我国园艺生产布局合理主要体现在两个方面：一是发挥优势产区生产的比较优势，进一步提高优势产区的产业集中度；二是对于蔬菜而言，大中城市周边应具备一定的蔬菜供应保障能力，主要生产一些供应大中城市的速生菜。

建立以批发市场为主体的比较完善的园艺产品市场体系；市场交易条件、交易方式、交易主体的素质都有较大幅度的提升；市场信息网络完整高效；农超对接、农校对接、农批对接、农企对接、电子商务等先进的交易模式和流通业态成为主流；流通环节少、成本低、效率高。

5. 科技支撑雄厚，产品质量安全

提高单产、提升品质、增加效益，科技要在未来的园艺产业发展中起到支撑作用，使园艺产业的科技贡献率进一步提升，国产种业与进口种业的差距缩小，在占据绝大部分国内市场的基础上努力提高国际竞争力；使园艺生产机械化程度有较大的提高，先进的育种技术、科学的植保和土肥技术、合理的栽培模式在园艺生产中

被广泛应用。

全面推进标准化生产，从源头抓起，保障园艺产品质量安全。完善质量安全管理制度，加大对农药、化肥等生产投入品的监管力度，积极推动"三品一标"的发展，大力推广绿色植保和安全用药技术，全面强化质量安全监管工作，建立健全园艺产品全程质量控制体系。全面提高园艺产品品质、质量安全水平和商品档次，坚决杜绝重大园艺产品质量安全事件的发生，争取在 2020 年前实现园艺产品的监测合格率达 100%。

（三）战略设想

围绕着满足国民所需和顺应产业发展趋势，今后一个时期园艺产业发展应着力实施"五大战略"，实现"五大转变"。

1. 实施"布局优化"战略，实现以产区生产为主向优势产区与大中城市周边生产共存转变

因地制宜地制订全国和地区主要产品优势区域发展规划，明确主导产业、主攻方向和发展目标，突出优势区域的资源特色，积极争取当地政府的支持，促进要素资源向园艺产品最适产区集聚，着力推进主产区和优势产区的重点项目建设，促进产业集群，打造优势产业带。水果产业的总体思路为"强化基础、壮大产业、因地制宜、突出优势"，坚持向最适产区集聚，果园发展提倡"上山""下滩""不与粮争地"。蔬菜产业应根据南方和北方在光、热、水等自然资源上的禀赋差异，充分发挥各地的比较优势，合理进行生产布局。充分发挥南方地区水资源丰富和冬季气候温暖的自然资源优势，积极发展南方冬春蔬菜的种植，通过"南菜北运"缓解北方冬春蔬菜生产供应不足的困局；针对北方地区光照资源丰富和水资源不足的特点，在北方地区重点发展以日光温室为代表的设施蔬菜，利用设施蔬菜节水、高产、高效的生产技术，加强水资源的循环利用；在人口密集的大中城市，适度发展郊区设施蔬菜，保持一定的城市蔬菜自给率，主要种植不适合长距离运输的叶菜类蔬菜，减少蔬菜在流通过程中的损耗和成本。

2. 实施"深化市场化发展"战略，实现园艺产业发展中市场配置资源由起基础性作用向决定性作用的转变

园艺产业既是高度市场化的产业，又是有关国计民生的产业。而在园艺产业发展中尊重市场、尊重市场规律不够，政府干预较多，"市场看不见的手"作用发挥不够，往往导致市场供求关系扭曲发展，加剧价格波动。

市场应在产业发展中发挥决定作用，主要体现在三个方面：一是市场在园艺产业发展中配置资源；二是主要依靠市场调节园艺产品产量；三是市场决定园艺产品的价格。

加强政府调控，规范政府行为。政府在产业发展中的调控作用应该规范，但主要职责如下：一是政府保障园艺产业基础设施建设；二是政府提供园艺产业生产与市场信息；三是政府监控园艺产品的质量安全；四是政府制定引导园艺产业发展的政策。

3. 实施"走出去"战略，实现由利用国内资源和市场向利用国内和国际两种资源、两种市场的转变

园艺产业的发展要充分利用国内和国际两种资源，努力开拓国内和国际两个市场。一方面在产品质量提升的基础上，巩固现有优势市场，大力开拓新型市场，逐步实现出口市场和出口产品多元化，减少国际市场波动对园艺产品市场的冲击；另一方面要实施"走出去"战略，针对苏联国家、亚洲发展中国家、非洲国家园艺产品种质资源丰富，园艺产业技术总体滞后，以及园艺产品市场开发潜力大等特点，充分利用我国资本充裕和技术成熟的优势，中国政府及园艺产业界应该设置涵盖科学研究、技术及产品创新、商业模式创新在内的国际园艺发展项目，鼓励相关生产主体到资源相对丰富的国家建立园艺产品生产基地，破除土地要素和水资源紧缺对产业发展的制约，利用当地的资源生产园艺产品。

4. 实施"提质增效"战略，实现由数量型增长向质量效益型增长转变

转变"以量取胜"的传统园艺产业发展模式，树立"以质取胜"的新理念。加大对园艺产业研发的投入，提高园艺产品生产的技术水平和科技贡献率；推进园艺

产品标准化生产技术体系建设，确保园艺产品质量安全；打造园艺产品品牌，提高园艺产品市场竞争力和生产经营效率。

5. 实施"产业链延伸"战略，实现由注重生产环节向产前、产中与产后并重转变

大力推行园艺产品采后商品化处理、精深加工和废料加工、下脚料综合开发利用，联合攻关商品化处理与加工技术中的关键环节，减少采后损失，提高商品化处理能力、精深加工能力和加工原料资源利用率，促进产品多样化和产业链延伸，增加产品附加值，切实提高园艺产业的整体效益；提高产地商品化处理能力和水平，在叶菜收获的同时进行分级、包装；在根茎菜、果菜、水果规模产区合理布局商品化处理场所，并配备分级、清洗、包装设备。重点建设园艺产品的绿色保鲜、安全贮藏和冷链物流体系，构建流畅的流通体系，提高全国园艺产品运输"绿色通道"覆盖率，保障新鲜安全的园艺产品及时、畅通供给。

（四）战略措施

1. 稳定种植面积，强化内涵发展

从我国主要园艺产品供求变化趋势看，在未来一段时间内我国主要园艺产品供给基本能够满足国内需求；从我国主要园艺产品近些年市场的运行情况看，园艺产品市场基本平稳；因此未来园艺产品需求的增长主要依靠人口的增加来拉动，依靠单产增长基本能满足蔬菜园艺产品需求增长的需要，现有种植面积在正常年份（无大灾）基本能够满足国内需求；过多增加种植面积，将导致园艺产品季节性、区域性过剩，价格下跌的风险增加，容易造成市场价格大起大落。此外，考虑到在 18 亿亩耕地红线下园艺产品与粮、棉、油耕地竞争问题，园艺产品的发展应以稳定面积、提高单产及品质为主。争取到 2030 年，果园总面积稳定在 2.0 亿亩左右；蔬菜播种面积稳定在 3.15 亿亩左右。

重点开展园艺作物种质资源的挖掘、开发和利用，改善种质资源的品质、产量、抗性、熟期等重要农艺性状，并加紧培育具有自主知识产权、经济效益高、应用前景好的优良新品种。因地制宜地加大国内外优质新品种推广，加快制订及规范各园

艺作物的良种苗木繁育技术规程，依据"标准化、规模化、集约化、机械化、商品化"的原则，重点建设一批优势园艺作物良种苗木繁育基地，逐步形成部级资源保存与育种中心、省级繁育场、县级繁育基地相配套的三级良种苗木繁育体系。规范和加强繁育基地与种子种苗市场的监督管理，推广良种良法配套措施，切实提高我国园艺产业的优质种苗覆盖率。在优势产区创建一批标准化、集约化程度高的标准化生产基地，推进基地与现代产业技术体系结合，创建现代园艺产业技术集成示范基地，引领全国园艺产业提档升级。继续在全国创建蔬菜、水果、茶叶等园艺作物标准园，重点做好"落实标准、培育主体、创响品牌、整合资源、强化服务"的工作，通过建设园艺作物示范县区，带动全国范围内水果、蔬菜、茶叶等园艺产品质量提升，并提高生产园艺产品的效益，力求供需平衡。此外，要综合考虑经济、生态、社会及我国农业整体发展现状，确定我国园艺产业的布局，充分发挥园艺产业扶贫增收、改善生态环境、提高国民健康水平的多功能性。

2. 加强质量监管，力争安全优质

尽快制订和完善园艺产品产地环境、生产技术规范和产品质量安全标准，特别是有毒有害物质（农药残留、生长激素等）限量标准的制订、完善，建立适合中国的园艺产品综合生产制度。按照技术、生产资料、销售三统一原则，实施园艺产品综合生产制度，在生产优质、安全的园艺产品的同时，有效地保护环境和劳动者自身安全。

以园艺产品主产区所在县区为切入点，加大宣传，注重保护主产区的生态环境，大力推行标准化建设，加强对标准园生产者生产行为的引导和规范，促进有机肥料使用比例的提升，统防统治标准园病虫害，提高园艺产品数量和质量，注重标准园园艺产品品牌的建设，提升标准园园艺产品的知名度和美誉度，增加园艺产品生产者效益，促进主产区农业经济的发展，辐射带动周围县区推进园艺产品标准化生产。

严格按照《中华人民共和国农产品质量安全法》和《中华人民共和国食品安全法》的要求规范园艺产品产业链，完善园艺产品质量安全责任体系，落实园艺产品质量安全的责任，并逐步建立园艺产品质量安全监管长效机制。提高园艺产品生产者道德风险和逆向选择的成本。加强乡镇等基层单位园艺产品质量安全监管服务的能力，增加园艺产品质量检测的频率和力度。加强对基层农资经营户的监管，重点扶持放心农资下乡进村，并推行高毒农药购买实名制度，园艺主产区地方政府可根

据各地实际情况，适时实行高毒农药的专营，并逐步取代高毒农药的使用。采取有效的激励方式，调动相关企业、行业组织的积极性，鼓励企业积极参与 HACCP、ISO 等国际认证，逐步实施可追溯制度，加强安全生产管理。

3. 优化区域布局，合理利用资源

园艺产业的发展要坚持以科学发展观为指导，坚持总量与结构平衡、充分发挥比较优势、统筹兼顾的原则。要综合考虑经济、生态、社会及我国农业整体发展现状，进一步优化我国园艺产业的布局，充分发挥园艺产业的扶贫增收，改善生态环境，提高国民健康水平的多功能性。

通过科学的规划和政府引导，逐步实现水果种植向优势产区集中，坚决淘汰非适宜种植区，调整压缩非优势区域。水果的生产和发展必须让位于粮、棉、油的生产和发展。因此，必须以《全国优势农产品区域布局规划》为指导，继续坚持果树上山下滩，不与粮、棉、油争地的方针，在适宜区内选择集中成片的荒山、荒丘、盐碱沙滩，发展果树生产，坚决压缩非适宜区种植面积。对于水果与粮、棉、油生产有重叠的产区，要优先保证粮、棉、油的生产。

要进一步优化和调整蔬菜种植优势区域的主栽品种结构和产品上市期，一方面要发挥优势产区蔬菜生产的比较优势，主要生产一些相对耐储运的蔬菜品种，通过大流通解决大中城市人们对蔬菜消费存在的常年性需求与季节性生产的矛盾问题，以及消费的品种多样化问题；另一方面大中城市周边要具备一定的蔬菜供应保障能力，主要生产一些供应大中城市的速生菜，实现即使因极端的气候导致物流困难也能保障大中城市的基本供应。

要坚持西南发展鲜切花，东南发展苗木和盆花，西北地区发展球根花卉和种球生产，东北发展加工花卉的优势区域格局，紧跟国际国内花卉消费潮流，大力发展市场畅销的优质名贵花卉和具有市场开发潜力的区域特色花卉，开发花卉淡季市场。

4. 完善市场体系，做到流通顺畅

园艺产品流通主体以个体户为主的现状使得流通主体抗御市场风险的能力低下、经营管理水平不高，导致园艺产品价格波动频繁、波动幅度较大，要提高园艺产品流通组织化程度，保障园艺产品市场平稳。一是通过公司化、规模化、品牌化经营加强经纪人、运销户、经销商队伍建设，帮助他们做大做强，提高产业集中度。

二是以农民专业合作社为依托，加大农民经纪人队伍的培育力度，在条件许可的情况下鼓励农民合作社实现从生产领域向流通领域的延伸，以提高农民讨价还价的能力，使农民能够分享产业链延伸带来的部分利润。三是制定政策鼓励流通企业和组织涉足生产领域，通过建立流通企业与农户之间的利益联结机制，将流通企业和农户建成利益共享、风险共担的利益共同体，实现农户的产品有可靠的市场，流通企业的货源有稳定的保障，实现农户与流通企业的双赢。四是积极培育大型园艺产品流通企业，提高流通组织化水平，鼓励龙头企业通过兼并、重组和投资合作等手段，以及通过建立跨地区的行业协会构建跨地域的营销网络。

要继续发展新的产销对接模式，将产业链上下游之间简单的买卖关系变为合作关系，使产销之间、产业链不同主体之间真正成为利益共享、风险共担的利益共同体，实现生产与市场的良性互动，提高产业抵御市场风险的能力，稳定产业市场供求和价格。要在认真总结近年来蔬菜企业与个人（B2C）、个人与个人（C2C）交易经验的基础上大力培育农产品期货、电子商务等新型流通业态，推动园艺产品的企业与企业（B2B）交易，逐步规范中远期商品交易合约，促进园艺产品流通业态的创新与发展。

加强冷链系统建设：一是在园艺产品优势产区加强预冷设施建设，提高优势产区商品化处理能力；二是积极发展保温、冷藏运输，减少园艺产品运输损耗；三是提高主销区园艺产品冷链配送能力，鼓励各级主体购置冷藏与冷链运输设备，培育具有一定规模的专业化冷链物流服务企业。

5. 培育新型生产主体，实现主体突破

未来园艺产业的发展必然要走规模化经营的道路，因此培育与规模化经营相适应的园艺产业新型生产主体是园艺产业可持续发展的一个重要环节。结合我国当前的实际情况，我国园艺产业新型生产主体主要包括家庭农场、园艺产品农民专业合作社和园艺产品生产企业三种类型。

培育园艺产品家庭农场很重要的一点就在于提高菜农、果农素质，培养适应家庭农场经营需要的职业菜农、果农。一是贯彻落实好九年义务教育，确保没有"新文盲"出现，使菜农基础教育年限稳步提升；二是关注菜农、果农年龄结构偏大且难以得到改善的问题，制定切实可行的政策，鼓励受过一定种植技术培训的年轻人前往园艺产品主产区创业，投身园艺产业；三是通过实施优惠政策，吸引和支持返

乡务农的优秀人才、高等院校毕业生、退役军人到农村创办现代蔬菜企业，鼓励有兴趣、有能力的城市青年和工商界人士成为新型职业菜农、果农；四是以农技推广战线、农函大等为阵地，通过实施"跨世纪青年农民科技培训工程"等，抓好乡村干部、专业合作社负责人、农技人员，以及广大经纪人、种植大户的教育培训，提高受训者的生产技术能力和经营管理水平。

园艺产品专业合作社是未来推动我国园艺产业可持续发展的最重要的主体，培育和规范园艺产品专业合作社是培育职业农民，实现主体突破的最重要的工作。要积极引导农民专业合作社按照《中华人民共和国农民专业合作社法》建立健全合作社的财务、人员管理等各项规章制度，完善合作社的监督约束、利益分配、民主管理和风险保障等机制，并促使这些运行机制落到实处，促进合作社的长远发展；要通过联合大专院校、"阳光工程""一村一名大学生"等多种形式，对现有园艺产品专业合作社负责人进行有关政策法规、生产技能、营销知识等方面的培训，提高其经营管理水平。制定优惠政策，继续鼓励引导各类科研人员、农技推广人员和大中专毕业生扎根农村创业，培养园艺产品专业合作社负责人；要选择一批有一定基础、管理比较规范且有一定发展潜力的农民专业合作社作为"示范社"加以重点培育，使它们逐步发展成为具有一定规模和实力、进入良性自我发展轨道的示范性合作社，通过"示范社"的典型带动，促进我国农民专业合作社经营能力的整体提升。

园艺产业生产企业在最近几年随着社会资本进入园艺产业而有着较大的发展，但必须看到的是部分社会资本进入园艺产业并非基于长期战略思考，而是以占有土地、套取补贴等为出发点，所以一方面应该制定优惠政策鼓励社会资本流向园艺产业，创办新型园艺企业，另一方面要采取措施对社会资本流向园艺产业加以规范和引导。

6. 发展产后加工，实现产业升级

园艺产业的可持续发展急需全面转型升级、全力打造园艺产业发展的 2.0 版。园艺产业全面升级是指全产业链的升级，包括生产基地基础设施、生产技术条件、贮藏加工设备、冷链物流装备、市场交易环境等在内的各个环节都要实现改造升级。在今后一段时期，中国园艺产业发展必须走"市场主导、政府引导、科技引领"协同发展之路，突出科技在振兴中国园艺产业中的位置，推行以市场为导向，企业为

主体，产学研无缝对接的可持续发展新模式。重点加强对园艺产品贮藏保鲜及深加工技术的研发和应用，包括速冻技术，超高温、超高压杀菌技术，无菌包装技术等贮藏保鲜技术，以及腌制、脱水、保鲜、糖制、速冻、水煮等深加工技术。要以基地建设为着力点，促进品种结构调整，全面推进标准化建设；以产业技术需求为导向，加强科技研发，促进集成简化技术的推广与应用；以增强竞争力为中心，加强产业链各环节基础设施建设，夯实产业发展基础；以品牌建设为重点，加快体制机制创新，构建新型园艺产业经营体系。

八、中国园艺产业可持续发展的政策保障

（一）处理好市场导向与适度调控的关系

21 世纪以来，我国园艺产业发展主要强调市场导向，这是园艺产业能得到健康、快速发展的重要保证。但从近两年的情况来看，不能完全依靠市场，适度调控还是必要的。2010 年我国大蒜、生姜等蔬菜价格成倍上涨，大宗蔬菜价格也普遍上涨，这暴露出政府对蔬菜市场的监管、调控机制不健全，尤其在面对各种突发自然灾害时，保障蔬菜供应、稳定蔬菜价格的调控措施和手段十分有限。因此，在园艺产业发展中，要注意运用多种调控方式和手段加强宏观调控力度，稳定园艺生产和市场价格。但也应注意到，政府的过度干预会削弱市场的自我恢复功能。因此，在调控时一定要坚持市场导向，充分发挥市场对资源配置的决定性作用，在此基础上适度进行调控。

（二）完善和落实各项保障政策

制定和完善促进园艺产业发展的各项保障政策，加大对园艺产业的投入和支持力度。重点支持园艺作物种植资源保护、新品种选育、技术研发、新品种推广等；支持园艺作物优良品种繁育示范基地建设，将健康种苗生产与推广纳入国家政策支持范畴；以农田基本建设、小型水利建设、农业综合开发、林业产业培育、扶贫开发、以工代赈等项目为抓手，重点支持园艺作物基础设施建设，改善园艺作物生产条件，重点加强果园、菜园、茶园和花园的基础设施建设，积极开展节水节肥灌溉设施、沟渠排水防涝设施、小型集雨蓄水防旱设施、积肥设施、病虫害生物防治设施、防冻设施、机耕道路建设；支持现代园艺产业生产技术的推广应用，提高综合机械化水平，提高资源利用率、劳动生产率和土地产出率，实现园艺产业向省力化、机械化、现代化发展，着力提升园艺产业的技术装备条件；制定政策给予园艺企业在土地、税收和出口退税等方面的优惠；加强园艺作物品种自主知识产权保护、品牌创建、现代产业园区建设等。

（三）多渠道筹措产业发展资金

在资金筹措上，坚持"企业、农民、合作组织自筹为主，社会投资为辅"的投资原则，通过"政府引导、市场运作"的模式，多渠道、宽领域、多形式地筹措资金，形成中央、地方、企业、社会共同投资产业的多元化资金筹措机制，吸引资金流入园艺产业。加大对园艺种苗产业的资金扶持力度，将园艺优质种苗建设纳入国家预算内，给予专项经费支持，重点支持园艺作物品种培育项目研究；将园艺作物标准制定、种植资源调查、质量检验检测和信息平台建设等纳入财政预算范畴；将国家园艺作物良种繁育生产示范基地纳入国家良种补贴资金重点扶持范围；从农业综合开发产业化扶持、农业专业合作经济组织等方面的扶持资金中划拨一部分，专门用于对园艺产业发展扶持；充分利用国家对农机购置的补贴政策，鼓励菜农、果农、花农、茶农积极应用新型农业机械；通过对银行等金融机构的协调，在园艺企业贷款时给予适当的利率优惠；借鉴其他农作物保险的经验，设立并推广园艺作物保险，提高农民和园艺企业抵御风险的能力。

（四）搭建全国联网的园艺产品产销信息平台

加快园艺产业信息化建设，建立全面覆盖的园艺产品生产信息、流通信息和零售信息的公共服务平台。形成市场信息监测及发布的长效机制，健全统计系统，建立信息采集、发布、更新、管理机制，加快信息资源开发，提高信息化服务水平。规范园艺产品产销信息的采集标准，建立园艺产品生产、流通和销售的动态监测和预警制度，对全国园艺产品品种、种植面积、产量、预计上市时间、供求及价格信息进行实时采集和监测，并及时对外发布各地批发市场及零售市场的园艺产品价格和主要产地的生产状况，促进园艺产品产销有效衔接和有序流通。

（五）加强灾害和突发事件预警机制建设，提高减灾与抗风险能力

根据园艺作物各主产区和优势产区的气候特征、环境特点和历年来的灾害发生规律，适时调整作物布局，改革种植制度；重点加强防旱抗旱、节水灌溉、蓄水积

肥、排水防涝、防风抗冻、避虫、病虫害生物防控等基础设施建设；推广一系列有效避灾技术，主动防灾避灾；推进灾害性天气和有害生物预警预报机制建设，强化对气候环境变化和病虫害发生的新情况、新变化、新规律的密切关注，加强灾情监测和预报责任制管理；加快制定完善的防灾减灾预案，提早做好物资、资金和技术准备；加快建立灾害和突发事件应急响应制度，完善和落实灾后能迅速有效恢复生产的各种技术补救措施，第一时间积极开展抗灾救灾，搞好生产恢复，降低灾害损失；加大园艺作物病虫害检疫检测执法力度，重点支持水果如柑橘的无检疫性病虫害疫区建设，适时在其他园艺作物生产中推广。

主要参考文献

蔡意中. 2001. 上海现代都市农业可持续发展问题研究. 南京: 南京农业大学博士研究生学位论文

曹德航, 高俊杰, 万卫东, 等. 2007. 设施蔬菜环境条件及其综合调控技术. 山东农业科学, 2: 122-124

陈碧华, 罗庆熙, 张政. 2003. 我国设施蔬菜的生产现状、存在问题及对策. 河南职业技术师范学院学报, 1: 29-32

陈铁飞. 2013. 我国蔬菜产业供需状况及其走向. 重庆社会科学, 2: 84-93

陈彦峰. 2008. 近年蔬菜价格上涨原因分析及蔬菜价格中长期走势预测. 中国瓜菜, 1: 47-48

陈永生, 胡桧, 肖体琼, 等. 2014. 我国蔬菜生产机械化现状及发展对策. 中国蔬菜, 10: 1-5

陈志兴. 2005. 蔬菜新品种选育开发的现状及展望. 当代蔬菜, 9: 16-17

崔轶雄, 杨华丽, 黄丹枫. 2012. 蔬菜园艺场可持续生产模式的探索与建议. 长江蔬菜, 22: 1-5

丁晓蕾. 2008. 20世纪中国蔬菜科技发展研究. 南京: 南京农业大学博士研究生学位论文

丁昭, 蒋薇. 2010. 四川水果品牌化路径探析——基于龙泉水蜜桃产销的研究. 农村经济与科技, 3: 37-39

范小玉. 1997. 我国农业用地利用情况、问题与建议. 统计研究, 14(1): 29-23

方玉媚, 王永清, 肖洪安, 等. 2008. 四川水果产业标准化生产面临的问题与对策. 农村经济, 4: 53-55

方智远, 张武男. 2011. 中国蔬菜作物图鉴. 南京, 江苏科学技术出版社. 12

高俊平. 2001. 领略以色列花卉业. 中国花卉园艺, (1): 24-25

国家发展和改革委员会, 农业部. 2012a. 2011~2020 全国蔬菜产业发展规划之流通发展重点. 中国果菜, 9: 41-42

国家发展和改革委员会, 农业部. 2012b. 全国蔬菜产业发展规划(2011—2020 年). 中国蔬菜, 5: 1-12

何朝霞, 廖小军, 李正根, 等. 2003. 周年蔬菜高产高效生产茬口安排模式与栽培要点. 江西农业科技, 6: 27-28

何启伟. 2010. 我国蔬菜育种现状及发展趋势. 中国果菜, 2: 6-9

河北省科学技术厅, 河北省农业厅. 2011. 关于印发《关于充分发挥科技支撑作用促进蔬菜产业又好又快发展的意见》的通知. http://2011.hebstd.gov.cn/?thread-244-1.html [2012-1-20]

河北省农业厅经作处. 2011. 河北省水果标准园创建成效及主要经验. 中国果业信息, 11: 13-15

洪涛, 李晓晨. 2013. 完善我国蔬菜流通体系建设的思考. 商业时代, 6: 36-38

扈立家, 李天来. 2006. 我国蔬菜产业标准化过程中存在的问题及对策. 安徽农业科学, 9: 1952-1953

黄山松, 田伟红, 李子昂, 等. 2014. 外资蔬菜种子企业的现状与发展趋势. 中国蔬菜, 1: 2-6

黄祖辉. 2005. 中国农产品物流体系建设与制度分析. 农业经济问题, 4: 49-53

霍尚一. 2008. 中国水果出口贸易影响因素的实证分析. 杭州: 浙江大学博士研究生学位论文

霍尚一. 2011. 中国对俄罗斯水果出口变化的原因——基于 CMS 模型的分析. 西北农林科技大学学报(社会科学版), 1: 48-52

江娜. 2010-7-8. 标准园创建: 园艺产业升级的突破口. 农民日报, 1

蒋高明. 2007. 中国需要高度警惕耕地白色污染. 中外对话, 7: 58-59

蒋卫杰, 屈冬玉. 2000. 我国设施园艺发展趋势和可持续发展的建议. 中国农学通报, 3: 61-63

李崇光, 包玉泽. 2010. 我国蔬菜产业发展面临的新问题与对策. 中国蔬菜, 15: 1-5

李崇光, 包玉泽. 2012. 我国蔬菜价格波动特征与原因分析. 中国蔬菜, 9: 1-7

李崇光, 章胜勇, 肖小勇. 2013. 2012 年我国蔬菜出口贸易形式与问题. 中国蔬菜, 11: 1-4

李攻. 2014. 山东耕地质量告急: 政府将投近千亿提升土地质量. http://news.sohu.com/20141225/n407260029.shtml [2014-12-25]

李辉, 张琰. 2005. 中国水果果品走向国际市场的营销策略. 新疆农垦经济, 1: 52-55

李慧. 2014. 中国耕地退化面积超 40% 化肥过量使用超标近 2 倍. http://gongyi.sohu.com/20141222/n407171260.shtml [2014-12-22]

李科. 2001. 蔬菜化学调控技术. 内江科技, 5: 36

李莉. 2010. 我国园艺产业三十年的回顾与展望. 北方园艺, 19: 201-205

李连英, 李崇光. 2011. 蔬菜纵向渠道关系整合研究——基于 270 份调查问卷分析. 农业经济问题, 11: 54-59

李琳. 2012. 中国对东盟水果出口的竞争力研究. 湘潭: 湖南科技大学硕士研究生学位论文

李朋华. 2012. 河北省蔬菜加工业发展问题与对策研究. 保定: 河北农业大学硕士研究生学位论文

李圣超. 2008. 设施园艺工程与我国农业现代化. 中国果菜, (1): 50-51

李树丽. 2013. 中国-东盟水果贸易的竞争性与互补性研究. 武汉: 华中农业大学硕士研究生学位论文

李涛. 2010. 我国蔬菜质量安全现状与对策分析. 农村经济与科技, 6: 18-19

李西萍, 张强. 2004. 园艺产业发展中存在的问题及发展思路. 内蒙古农业科技, 5: 7

李小刚, 王睿, 叶少峰, 等. 2008. 新建设施蔬菜生产综合管理技术. 天津农林科技, 4: 11-16

林坚, 霍尚一. 2008. 中国水果出口贸易影响因素的实证分析. 农业技术经济, 4: 95-101

林慕慕. 2013. 当前我国设施园艺发展的困境及对策. 现代园艺, 16: 243-244

林青. 2010. 日本开放式保护政策对我国园艺产品出口的成本效应分析研究. 武汉: 华中农业大学硕士研究生学位论文

刘东英. 2006. 我国生鲜蔬菜物流体系研究. 杭州: 浙江大学博士研究生学位论文

刘发万, 钟利, 尹艳琼, 等. 2009. 云南省设施园艺发展现状及对策. 中国农学通报, 1: 125-127

刘汉成. 2009. SPS 措施对中国水果出口的影响及应对研究. 武汉: 华中农业大学博士研究生学位论文

刘汉成, 易法海. 2008. 中国水果出口贸易格局及影响因素分析. 农村经济, 11: 15-17

刘汉成, 易法海. 2007. 中国水果出口特征及国际竞争力分析. 农业现代化研究, 4: 450-453

刘水东, 姜永平, 顾正荣, 等. 2010. 南通地区冬季设施蔬菜环境调控技术. 上海农业科技, 6: 86-87

刘艳玲. 2012. 寿光市蔬菜产业发展研究. 杨凌: 西北农林科技大学硕士研究生学位论文

卢旭, 许豪. 2012. 我国蔬菜流通存在问题研究. 东方企业文化, 4: 135

鲁钰锋, 温海涛, 姚舜. 2011. 基于供应链的城乡蔬菜市场流通渠道优化分析. 中国城市经济, 17: 222-223

陆美斌, 王步军. 2014. 中国农产品质量安全现状分析与对策建议. 农业展望, 3: 34-35

栾非时, 崔喜波, 孙占海. 2003. 我国高寒地区设施园艺发展存在问题及解决对策. 东北农业大学学报, 2: 226-230

吕建兴, 刘建芳, 祁春节. 2011. 中国园艺产品出口增长的成因分析——基于 CMS 模型的分解. 经济与

管理, 8: 11-16

马宝玲, 王静, 刘敏彦, 等. 2013. 河北省水果标准园创建现状及发展对策. 河北农业科学, 6: 75-78

马翠萍, 肖海峰, 杨青松. 2011. 蔬菜流通主体成本构成与收益分配实证研究. 商业研究, 11: 23-27

马德华. 2014. 蔬菜种子企业现状及发展建议. 中国蔬菜, 2: 1-4

马剑波. 2011. 设施蔬菜病虫害绿色防控技术研究. 西北园艺(蔬菜), 6: 4-5

孟凡杰. 2012. 果蔬物流供应链模式研究. 北京: 北京交通大学硕士研究生学位论文

孟秋峰, 汪炳良, 王毓洪, 等. 2008. 蔬菜育种研究现状及展望. 浙江万里学院学报, 2: 88-90, 98

农业部. 2015. 农业部"关于打好农业面源污染防治攻坚战的实施意见". http://www.moa.gov.cn/ztzl/mywrfz/gzgh/201509/t20150914_4827678.htm [2015-9-14]

彭可茂, 席利卿, 彭开丽. 2014. 强环境规制对中国园艺产品出口竞争力影响的实证分析——基于环境投入产出表的测算. 管理工程学报, 2: 26-38

齐飞, 魏晓明, 鲍顺淑, 等. 2010. 我国设施园艺发展的机遇与挑战. 农机化研究, 12: 222-226

祁春节, 万金. 2009. 中国园艺产品出口欧盟的贸易壁垒研究. 生态经济, 2: 143-146

秦臻, 祁春节. 2008. 技术性贸易壁垒对中国出口影响的实证分析——以技术性贸易壁垒对中国园艺产品出口影响为例. 国际贸易问题, 10: 34-38

任爱荣, 赵一夫. 2005. 台湾水果出口大陆的市场效果分析. 农业经济问题, 12: 25-29, 79

山东省委宣传部. 2006. 设施蔬菜生产技术创新. http://www.cnr.cn/kby/zl/t20060330_504187248.html [2006-12-20]

单杨. 2010. 中国果蔬加工产业现状及发展战略思考. 中国食品学报, 1: 1-9

设施园艺发展对策研究课题组, 张真和. 全国农业技术推广服务中心. 2010. 我国设施园艺产业发展对策研究. 长江蔬菜. 4: 13-16

沈越. 1992. 我国农业兼业化问题初探. 北京师范大学学报 (社会科学版), 1: 4

苏威. 2011. 从蔬菜价格波动看我国农产品流通存在问题. 内蒙古财经学院学报, 4: 15-18

孙坤. 2012. 蔬菜质量安全存在的主要问题及对策浅析. 农产品质量与安全, 4: 66-68

孙兰凤. 2009. 可持续视角下的新疆特色林果业发展研究. 乌鲁木齐: 新疆大学博士研究生学位论文

孙小淇. 2013. 山东省果蔬物流配送网络优化设计研究. 大连: 大连海事大学硕士研究生学位论文

万金, 祁春节. 2011. 我国园艺类农产品贸易顺差的可持续性分析. 国际贸易问题, 11: 53-63

汪普庆. 2009. 我国蔬菜质量安全治理机制及其仿真研究. 武汉: 华中农业大学博士研究生学位论文

王春雨, 王晓明, 郭远明. 2009-12-28. 蔬菜之乡成了国外种子"博览会". 中国改革报

王素玲, 陈明均. 2013. 我国蔬菜流通现状及发展对策. 中国蔬菜, 7: 1-5

王晓英. 2010. 人民币汇率变动对中国园艺产品出口的影响分析. 武汉: 华中农业大学硕士研究生学位论文

王彦珍. 2000. 山东省水果业发展方向与对策研究. 济南: 山东师范大学硕士研究生学位论文

王瑛. 2012. 浙江省设施园艺发展现状与对策建议. 园艺与种苗, 9: 36-37, 40

温思美, 苏国宝. 2012. 基于 CMS 模型的中国水果出口增长因素分析. 农业经济问题, 9: 17-23, 110

项朝阳. 2011. 农民专业合作社作用的再认识——基于流通的视角. 中国农民合作社, 11: 51-52

项朝阳. 2012. 我国蔬菜生产成本波动研究. 长江蔬菜, 11: 2-5

肖长惜. 2007. 中国蔬菜产业: 生产, 贸易与政策研究. 武汉: 华中农业大学博士研究生学位论文

徐东辉, 方智远. 2013. 中国蔬菜育种科研机构及平台建设概况. 中国蔬菜, 21: 1-5

杨顺江. 2004. 中国蔬菜产业发展研究. 北京: 中国农业出版社

姚祥坦, 顾卫红, 徐素琴, 等. 2005. 中国蔬菜安全生产的现状与发展对策. 中国农学通报, 11: 294-297, 351

叶其蓝, 林月芳. 2005. 广东园艺可持续发展的思路. 南方农村, 3: 29-32

余朝阁, 孙周平, 须晖, 等. 2012. 当前我国设施园艺发展中存在的问题及可持续发展途径. 长江蔬菜, 24: 107-108

俞舒挺. 2015. 我国耕地保护的重要性及财政成本的理论分析. 中国农业信息, 1: 105

喻景权. 2011. "十一五" 我国设施蔬菜生产和科技进展及其展望. 中国蔬菜, 2: 3

张超坤. 2010. 加强农用地膜污染治理, 促进农业可持续发展. 广西环保科学, 5: 33

张菲. 2011. 中国水果出口至东盟的影响因素和潜力分析. 南京: 南京农业大学硕士研究生学位论文

张复宏. 2011. 基于 CMS 模型的中国水果对俄罗斯出口变动分析. 农业技术经济, 9: 100-108

张复宏. 2013. 中国水果出口的贸易演进及优化策略研究. 泰安: 山东农业大学博士研究生学位论文

张满英, 宋大才, 支玉强. 2011. 规范和降低城市农贸市场摊位费的若干思考. 价格理论与实践, 1: 23-24

张敏. 2010. 蔬菜安全生产存在的问题及发展对策. 现代农业科技, 15: 183-184

张伟. 2012. 果蔬农产品供应链追溯系统研究. 成都: 西南交通大学硕士研究生学位论文

张文艳. 2012. 寿光市蔬菜产业现状与发展对策研究. 杨凌: 西北农林科技大学硕士研究生学位论文

张星海. 2006. 我国蔬菜市场流通中存在问题及应对策略. 长江蔬菜, 11: 55-56

张秀芳, 赵钰. 2010. 生鲜蔬菜流通体制研究——基于路径依赖理论的研究视角. 新疆农垦经济, 3: 68-71

张亚婷. 2012. 蔬菜物流运作模式及优化研究——以陕西省为例. 西安: 长安大学硕士研究生学位论文

张扬勇, 方智远, 刘泽洲, 等. 2013. 中国蔬菜育成品种概况. 中国蔬菜, 3: 1-4

张岳恒, 林向勇. 1999. 日本农业产业化经营的主要模式与经验. 南方农村, (5): 38-41

章家清, 张磊. 2012. 中国对东盟水果出口增长因素分析——基于恒定市场份额模型的实证分析. 经济问题探索, 8: 134-138

赵美华, 温变英, 兰创业, 等. 2011. 建立稳定蔬菜价格长效机制的对策研究. 山西农业科学, 9: 1029-1031, 1034

郑有国. 2005. 福建省水果出口面临的技术性贸易壁垒分析及对策. 国际贸易问题, 12: 55-59

周沽红. 2005. 生鲜蔬菜质量安全管理问题研究. 杭州: 浙江大学博士研究生学位论文

周子坤, 胡东升, 叶添民. 1998. 水果生产可持续发展的现状与建议. 福建热作科技, 1: 7, 30-31

朱兆良, David N, 孙波. 2006. 中国农业面源污染控制对策. 北京: 中国环境科学出版社

后　记

　　《园艺作物产业可持续发展战略研究》是中国工程院重大咨询项目"国家食物安全可持续发展战略研究"的课题之二。

　　在近两年的研究中，在国家大宗蔬菜产业技术体系和国家柑橘产业技术体系的支持下，课题组成员先后前往山东的寿光和金乡，湖北的鄂州、随州、黄冈、黄石和长阳，浙江，江苏，甘肃，河北，海南，广西等地开展实地调研，调查了大量的果蔬生产基地、批发市场和集贸市场，访问了众多的农户、园艺产品生产经营者、主管园艺产品生产的政府官员和园艺企业家，也考察了荷兰和以色列的园艺产业发展的经验，获取了大量的一手资料；课题组先后召开了多次规模不等的由园艺产业主管部门领导，技术专家、经济专家等参与的咨询会，在此基础上，参考咨询会相关专家的意见，形成了本研究报告。

　　研究报告对园艺作物产业进行了界定并分析了我国园艺作物产业可持续发展的战略意义；阐述了我国园艺作物产业的基本现状、存在的主要问题和可持续发展的关键制约因素；对未来 10～20 年我国主要园艺产品（蔬菜和水果）的供求状况进行了预测；同时，在借鉴国际经验的基础上，结合我国园艺作物产业发展的实际，提出了我国园艺产业发展的战略定位、战略目标、战略设想、战略措施，以及保证战略实施的政策保障。